Claudia Dargel * Imke Plamböck

"Sie behält das Haus"
Frauenpolitik in Libyen

Über die Autorinnen:

Imke Plamböck — geb. 1963 in Wolfsburg,
studierte Politologie und Germanistik in Hannover
Schwerpunkt: autonome Frauenpolitik

Claudia Dargel — 27 Jahre alt, geboren in Stade, aufgewachsen in Bremerhaven. Studierte Politologie, Soziologie, Germanistik in Hannover. Sie ist z.Zt. in der Mädchen- und Frauen(-bildungs)arbeit tätig.

Nachdruck der 3. Auflage August 1998

Theorie und Praxis Verlag
Goldbachstr. 2
22765 Hamburg
Tel: 040-38613850
info@tup-verlag.com

ISBN 978-3-921866-57-3

DANKSAGUNG

Wir danken den Frauen des Basisvolkskongresses, der Frauenunion Tripolis und allen anderen für die ermöglichten Interviews – und Silke als Mitorganisatorin.

Besonders bedanken wir uns bei Matthias und dem Theorie und Praxis-Verlag, der uns tatkräftig unterstützte, dieses Buch herauszugeben.

Und dann bedanken wir uns bei Christine und Traude, die unsere Fehler reduzierten.

Sozialistische Libysche Arabische Volksjamahiria

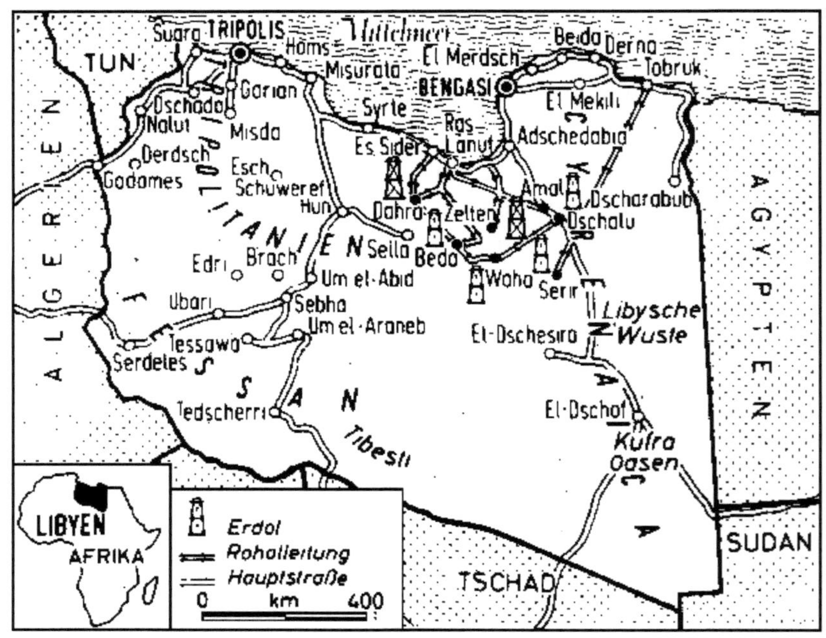

Inhaltsverzeichnis

VORWORT

„Femmes en Libye = zéro."
(Christiane Souriau, 1977, S. 81)

Vor geraumer Zeit beschäftigte uns die Frage, inwieweit diese Aussage der Wahrheit entspricht, denn offensichtlich existiert kein Material über das Leben libyscher Frauen. Unsere anfängliche bloße Neugier wuchs schnell zu einem wissenschaftlichen Interesse; wir konnten einfach nicht glauben, daß wahrhaftig nichts über Frauen publiziert wurde. Es blieb jedoch vorerst bei einer recht aussichtslos erscheinenden Literatursuche. Als wir dann über Kontakte zur Hamburger „Jamahiriya Foundation" an einem dreiwöchigen Studienaufenthalt in Tripolis teilnehmen konnten und sich dort einige Möglichkeiten ergaben, „vor Ort" nachzuforschen sowie mit Libyerinnen zu sprechen, erweiterte sich unser Interesse um eine neue, persönliche Komponente.
Die intensive Recherche, die uns anschließend in verschiedene Bibliotheken und Archive einiger Städte wie Hamburg, Freiburg, Wien, Rom und Paris führte, läßt uns die Bilanz ziehen, daß keine deutschsprachigen Publikationen zum Thema vorliegen, von einigen wenigen Bücherkapiteln und Artikeln von Roswitha Badry und Hanspeter Mattes einmal abgesehen. Soweit wir die derzeitige Forschungslage überblicken, können wir feststellen, daß Christiane Souriau die einzige westeuropäische Autorin ist, die explizit über Libyerinnen geforscht und geschrieben hat.
Das zweifellos existierende Potential an Studien von Libyerinnen über weibliche Lebenszusammenhänge in Libyen wurde bisher nicht aus dem Arabischen übersetzt. Im „Instituto per l'Oriente" fanden wir eine ausführliche, Frauenthemen betreffende Bibliographie, die an die vierzig Titel über libysche Frauen in Arabisch auflistete – es waren zwar die Titel übersetzt, die Bücher selbst jedoch nicht. So waren wir fast ausschließlich auf Literatur von Nicht-Libyerinnen angewiesen.
Unsere Arbeit resultiert also aus Forschungsneugier gekoppelt mit eigenen Reiseerfahrungen und den Begegnungen mit Libyerinnen. Leider läßt sich in diesem Rahmen schwerlich übermitteln, was die Gespräche in uns auslösten. Wir können hier nur eine Beschreibung liefern;, dabei bemühen wir uns, sämtliche Stellungnahmen seitens libyscher Mädchen und Frauen soweit wie möglich unverfälscht wiederzugeben. Es mußte fast alles übersetzt werden, da die Mehrzahl der Libyerinnen und wir in keiner gemeinsamen Fremdsprache kommunizieren konnten. Einige Berichte erfolgen aus nachträglich angefertigten Gedächtnisprotokollen. Die Gespräche mit

den Funktionärinnen und den Vertreterinnen der Frauenunion konnten wir dank der Billigung der Frauen aufzeichnen lassen.

Weshalb und mit welchem Erkenntnisinteresse wir uns mit Frauen auseinandersetzen, deren Kultur sich von der unsrigen unterscheidet, läßt sich nicht einfach beantworten. Diese Frage stellt uns vor ein Problem, dessen Brisanz uns bewußt ist. Schriften westlicher Frauen über Frauen nicht-westlicher Länder implizieren immer, nicht allein bloße Wissensproduktionen zu sein, sondern gleichzeitig ein Machtgefälle zu transportieren. Im Kontext der globalen Dominanz der euro-amerikanischen Theorien läßt sich das reale Machtverhältnis zwischen Metropolen und Peripherie auch in der Forschung von westlichen Frauen nicht leugnen. Die dem Feminismus inhärente notwendige Dialektik von Wissenschaft und Praxis hat zur Folge, daß feministische Theorie „unmittelbar politische und diskursive Praxis" ist (Chandra Talpade Mohanty).
Allzu häufig laufen die Autorinnen von Studien über die Position von Frauen im Trikont Gefahr, in der Reduzierung und Vereinheitlichung dieser als machtlose Objekte und Opfer patriarchaler Herrschaft, sich selbst als emanzipatorischen Maßstab zu nehmen, von dem aus beurteilt werden darf. Dabei sagen derartige undifferenzierende Vereinfachungen zumeist mehr über die Forschende als über die Beforschten aus. Darüberhinaus verlieren sich dabei allzuleicht die Dimensionen männlicher Dominanz in der eigenen Gesellschaft aus dem Blick. Damit werden aber jene Verhältnisse (re)konstruiert, die eigentlich bekämpft werden sollten.

> *„Ohne die Diskurse, die die Dritte Welt schaffen, gäbe es keine einheitliche und privilegierte Erste Welt. Ohne die 'Dritte-Welt-Frau' wäre die (...) Selbstdarstellung der westlichen Frauen schwierig. Ich behaupte, daß das eine das andere schafft und fortschreibt."*
> (Chandra Talpade Mohanty, 1988, S. 160)

Es wäre jedoch nur eine verkürzte, scheinbare Lösung, sich aus diesem Grund sowie aus Angst vor Kritik und Forderungen von Frauen der Peripherie die Auseinandersetzung mit Frauen „anderer" Kulturen zu scheuen, um sich ausschließlich auf Bekanntes zu beziehen. Die Nicht-Beschäftigung mit dem uns Fremden, ist nur eine Variante von Ausgrenzung und schützt keinesfalls vor der Konfrontation mit unserem eigenen Rassismus. Wir weißen Frauen des industrialisierten Westens müssen vielmehr neue Formen und Methoden entwickeln, um die Rolle der „belehrende(n) große(n) Schwester" (Liclin Orben-Schmidt) schnellstens abzulegen.

Es besteht weiterhin die politische Dringlichkeit eines internationalen Austauschs unter Frauen jenseits von Kultur, Nation, Ethnie, Klasse und Religion. Allein das Erkennen des Zusammenhangs von struktureller Frauenunterdrückung verknüpft mit subjektiven Erfahrungen, in der Peripherie wie in der Metropole, vermag zu einer umfassenden Analyse und gemeinsamen Überwindung dessen führen, was gemeinhin verallgemeinernd Patriarchat und Imperialismus genannt wird. Der gemeinsame Nenner für Frauen weltweit befindet sich jedoch genau da, wo Frauen als Geschlecht ausgebeutet werden. Die Formen der Unterdrückung und deren individuelles Erleben sind vielschichtig.
Wir möchten mit unserer Darstellung der Lebenszusammenhänge libyscher Frauen und dessen Wandel aufgrund von Transformationsprozessen in Libyen, den Austausch von Frauen verschiedener Kulturen fortsetzen.

1. EINLEITUNG

Über Libyen wird in der BRD im Allgemeinen wenig gemeldet, geschweige denn einigermaßen differenziert berichtet. Das in den Medien Verlautbarte läßt sich mit Schlagworten wie Terroranschläge und Waffenlieferungen, Öl, Chemie- und Giftskandale zusammenfassen. Zudem dreht sich die Berichterstattung immer wieder um die Person Muammar al Gaddafis, der entweder zum unberechenbaren, den Frieden der Welt empfindlich störenden Fanatiker bzw. Diktator oder aber zum internationalen Pausenclown mit Dandy-Allüren stilisiert wird. Interesse an Libyen selbst ist auch in der deutschen Linken kaum vorhanden, was uns wundert, da in diesem Land eine Art rätedemokratischer Regierungsform angestrebt wird. Mit der vorliegenden Arbeit wollen wir ein noch weniger bekanntes Libyen darstellen: das Libyen der Frauen. Uns stellt sich die Frage, ob der seit dem Sturz der Monarchie 1969 konstatierbare politische Wandel eine sich verändernde Stellung der Frauen innerhalb der neuen Gesellschaftsformation mit sich bringt; denn die Sozialistisch-Libysch-Arabische Volksjamahiriya* erscheint zunächst progressiv. Ob sich dieser erste Eindruck bestätigt und wenn, auf welchen Hintergründen, soll unsere empirische Studie detailliert darstellen.

Sieht schon der Bestand an allgemeiner Literatur zu Libyen im Vergleich zu dem anderer beispielsweise nordafrikanischer Staaten mager aus, scheint die Suche nach Publikationen zu libyschen Frauen zunächst aussichtslos. Darüberhinaus besteht für uns die Schwierigkeit, innerhalb der vorhandenen Literatur noch zu differenzieren, da die wenigsten AutorInnen der Tatsache Rechnung tragen, daß es DIE Libyerin nicht gibt. Dieses Manko führt dazu, daß wir nur selten aufzuzeigen vermögen, in welcher Weise Strukturmerkmale und deren Veränderungen sich auf welche Frauen auswirken. Wir erhofften uns neue Anregungen für die hiesige taumelnde Frauenbewegung. Denn, wie schon im Vorwort erwähnt, kann es nicht unser Interesse sein, von außen Libyen zu beschreiben und es dabei zu belassen. Es soll zu einer Erweiterung unseres Horizontes führen.

* Jamahiriya = Staat der Massen

2. DAS PHÄNOMEN LIBYEN

Die nun folgenden Ausführungen sollen die Gründe unserer Kategorisierung Libyens als besonderen Staat darlegen und zugleich aufzeigen, weshalb wir Vergleiche mit anderen Ländern als problematisch erachten. Wir wollen damit nicht behaupten, daß andere Länder nicht ebenfalls strukturelle Eigenheiten aufweisen und betrachten deshalb einen Vergleich zwischen Staaten prinzipiell als schwierig. Sofern einzelne Faktoren das Leben der weiblichen Bevölkerung charakterisieren, werden sie im empirischen Teil unter Kapitel 4 wieder aufgenommen und im jeweiligen Kontext erörtert.

Libyen stellt in vielerlei Hinsicht eine Ausnahme dar:

- Libyen stand im Gegensatz zu allen übrigen Maghrebstaaten unter italienischer Kolonisation (1911-1943)
- wurde per UNO-Beschluß als erstes Land Nordafrikas unabhängig (1951)
- verzeichnet in seiner jüngeren Geschichte einen recht ungewöhnlichen Staatsstreich mit erheblichen strukturpolitischen Folgen
- ist aufgrund seiner enormen Gas- und Erdölvorkommen ein reicher Staat
- hat eine quantitativ geringe, dazu sehr junge Bevölkerung
- ist durch eine spezifische Islaminterpretation charakterisiert
- und weist eine besondere sozio-kulturelle Homogenität auf, welche in erheblichem Maß von einer noch immer vorhandenen Geschlechtersegregation geprägt wird

Ohne auf den historischen Verlauf der italienischen Kolonisation eingehen zu wollen, seien hier gravierende Merkmale und Folgeerscheinungen der zweiunddreißigjährigen Besatzungszeit genannt. Infolge der recht kurzen Zeitspanne vermochte die Kolonialmacht weder einen Teil der autochthonen Oberschicht als kollaborierende Handlanger mit gesonderten Rechten aufzubauen noch eine „akademische Elite“, die die libysche Gesellschaft und ihre Kultur erforschen (z.B. ArabistInnen) zu installieren. Die Kolonisierung sollte in erster Linie die Probleme Italiens durch ein „erweitertes Hinterland“ lösen und schuf keinerlei Strukturvorteile (Eisenbahn, Straßenbau, Bildungs- und Gesundheitswesen etc.) für irgendeine Gruppe von LibyerInnen, sondern zeichnete sich ausschließlich durch repressiven Charakter aus.

Den Militärcoup des „Bund der freien Offiziere“ am 01.09.1969 halten wir in Bezug auf seine Voraussetzungen sowie in seinen darauffolgenden politischen Veränderungen für bemerkenswert. Die zwölf Offiziere standen in keinerlei Abhängigkeit zu progressiven Kräften anderer Staaten, sie schuldeten keiner Macht oder Organisation Dankbarkeit aufgrund etwaiger Unterstützungen in Schulungs- bzw. Logistikangelegenheiten. Sie fühlten sich zwar den Ideen und Prinzipien (Einheit, Freiheit und Sozialismus) des ägyptischen Präsidenten Abd el-Nasser verpflichtet, eine theoretische Grundlage oder praktische Handlungsanleitung boten ihnen jene jedoch nur begrenzt. Da vorab weder ein parteilicher Zusammenhang noch ein revolutionäres Programm existierte, waren die Offiziere auch untereinander doktrinär relativ ungebunden.

Sie bereicherten sich nicht materiell, weder durch Landbeanspruchung noch über Steuereinnahmen.

Mit einer Fläche von 1.759.540 Quadratkilometern, die aus nahezu 95% Wüstenlandschaft bestehen, zählt Libyen zum viertgrößten Staat Afrikas. Libyen teilt sich in drei Landesregionen auf: Cyrenaika, Tripolitanien, Fezzan. Von Alters her kennzeichnet sich das agro-pastorale Leben dadurch, daß nur an wenigen Orten dauerhaft gesiedelt werden kann. Die Seßhaftigkeit – welche seitens der Regierung vorangetrieben wurde, so daß 1978 nur noch 3% der Bevölkerung nomadisch leben – hängt wegen des Regenmangels von unterirdischen Wasservorkommen ab. Diese lokale Beschränkung, die früher wie heute die LibyerInnen nur an weit voneinander entfernt liegenden Plätzen das Leben ermöglicht, bewegt viele dazu, in die Städte zu migrieren. Heute leben ca. 68% der Bevölkerung in den Städten. Die rapide Verstädterung hat in Libyen durch den stark vorangetriebenen sozialen Wohnungsbau der 70er Jahre die Slums in den Vorstädten in kürzester Zeit aufgelöst.

Libyen weist als einziges Land Nordafrikas mit einer EinwohnerInnenzahl von 4,8 Mill. (1992) eine numerisch geringe Bevölkerung auf. Die Fertilisationsrate sowie auch der jährliche Bevölkerungszuwachs liegen im Vergleich zu den Nachbarstaaten jedoch weitaus höher. So liegt die durchschnittliche Kinderzahl, die eine Frau innerhalb der Spanne des gebärfähigen Alters statistisch bekäme im Zeitraum von 1985-1990 bei 6,6 Kindern. Entsprechend hoch ist folglich die durchschnittliche Jahresbevölkerungswachstumsrate mit 3,7 (1990). Die Werte benachbarter Länder belaufen sich demgegenüber auf:

Algerien	5,1 (F)	2,7 (B)
Ägypten	4,1 (F)	2,4 (B)
Tunesien	3,8 (F)	2,4 (B)
Marokko	4,7 (F)	2,6 (B)

F: Fertilisationsrate; B: Rate des jährlichen Bevölkerungswachstums (Lexikon Dritte Welt, 1993, S. 748ff).

1992 sind 50% aller LibyerInnen unter fünfzehn Jahre. Es zeigt sich, daß die auffallend junge Bevölkerung Libyens kein Äquivalent in den angrenzenden Ländern findet.
Infolge der enormen Gas- und Erdölvorkommen, die 99% des Exportwerts ausmachen, ist das Land relativ reich. Das Bruttosozialprodukt pro Kopf beträgt 1989 5.310$ (vgl. Ägypten: 600$, Kuwait: 16.160$ [für 1990]) (Lexikon Dritte Welt). Das durchschnittliche Pro-Kopf-Einkommen wirkt sich in Libyen nicht im krassen Gefälle zwischen Arm und Reich aus; es wird durch das Mindesteinkommen eine offensichtliche Schichtenabbaupolitik betrieben; der Lebensstandard und die Konsumptionsrate waren bereits 1976 vergleichbar mit denen Finnlands. Wegen demographischer und ökonomischer Merkmale ist Libyen kein Auswanderungsland, sondern beschäftigt ganz im Gegenteil eine Vielzahl ausländischer Arbeitskräfte, deren Anteil bereits in den frühen 80er Jahren bei 47% der GesamtarbeiterInnenschaft liegt.
Staatsreligion ist der sunnitische Islam. Die flexible, im Kern antihierarchische Islaminterpretation Gaddafis, deren Grundlage allein der Koran darstellt und die anderen vier Rechtsquellen des islamischen Gesetzes (Aussprüche und Gewohnheiten des Propheten, hadith und sunna, Konsens der Gelehrten, igjma, sowie der Analogieschluß) als zu unsicher abgelehnt werden, erklärt jeder Person das Recht und die Freiheit, einen individuellen Zugang zu Gott zu finden. Nahezu alle LibyerInnen sind praktizierende MuslimInnen. Obgleich der Revolutionäre Kommandorat Anfang der 70er Jahre eine Revitalisierung des islamisch-arabischen Erbes u.a. durch Verbote von Alkoholika, Glücksspielen, Prostitution und die Einführung des muslimischen Kalenders und der arabischen Schrift durchsetzte, wurden gleichzeitig die religiösen Autoritäten ihrer Macht enthoben. Staat und Religion sind faktisch voneinander getrennt; der Islam ist zwar weiterhin ein wesentlicher Bestandteil im Leben jeder Libyerin und jedes Libyers, aber weder personell noch national das Hauptmerkmal libyscher Identität: Libyen ist ein säkularisierter Staat.
Souriau stuft Libyen als eine kulturell homogene Gesellschaft ein, worunter sie die einheitliche Religion sowie das von der Moderne bisher noch nicht zerstörte Bewußtsein bezüglich der sozialen Basisgruppen (Familie, Stamm, das Land, im weiteren Sinne aber auch die arabische Nation und die islamische Welt) und der lokalen Einheiten (Wohnsitz) sowie das damit zusammenhängende Autonomiedenken faßt. Besonders auffällig jedoch ist für Souriau die Homogenität der verinnerlichten und praktizierten Geschlechtertrennung, die das Nebeneinanderbestehen zweier Welten prägt. Die Segregation reicht bis in das heutige Leben der Libyer-Innen.

3. GESCHICHTE LIBYENS

3.1. Bis zum Militärcoup 1969

Nach der arabischen Eroberung Ägyptens (639-641) beginnt ein jahrhundertelanger Prozeß der Islamisierung und Arabisierung Ägyptens und Libyens gegen den Widerstand der autochthonen zumeist berberischen Bevölkerung, um schließlich als eigenständige Region des arabisch-islamischen Weltreichs durch einen vom Kalifen ernannten Stadthalter regiert zu werden.
Erst 1551 erobern die Osmanen Libyen.
Von 1711 bis 1835 wird Libyen noch immer unter der osmanischen Herrschaft durch die Qaramanli-Dynastie mit Sitz in Tripolis regiert, besitzt aber eine relative Autonomie. Die Folgen dieser Regierungsform wird als Bereicherung der Herrschenden und Ruinierung der tripolitanischen Wirtschaft bezeichnet. Die Verschlechterung der wirtschaftlichen Lage resultiert auch aus der Beendigung der SklavInnentransporte (dem bedeutendsten Profitzweig) und der damit einhergehenden Verluste der handelsstrategischen Bedeutung Tripolis. Die Türkei interveniert abermals; der traditionell kollektive Landbesitz wird zu Privateigentum, was Hungersnöte und Revolten gegen die türkischen Besetzer nach sich zieht.
Im Landesteil Cyrenaika setzt sich 1843 eine islamische Erneuerungsbewegung (Sannussiya) durch. Die 1833 gegründete Sanussi Bruderschaft gehört zu den aktivistisch-mystischen Erneuerungsbewegungen innerhalb des orthodoxen Islam. Sie befürwortet die Wiederbelebung des Islam als eine der ersten führenden Gruppen und prägt den modernen Islam bis heute. Diese Bewegung rekrutiert sich aus tribalistischen und nomadischen Zusammenhängen, fast unberührt von westlichen Ideen. Ihre Angehörigen versuchen, ihre eigene Lebensweise zu verbreiten; das Ziel liegt in der Restauration der islamischen Frömmigkeit und Ethik, um dadurch alle Muslime zu vereinen. Sie lehnen Parteien ab und verehren das Staatsoberhaupt aufgrund seiner Machtstellung und wegen seines Charismas: Libyen sucht eine eigene Identität.
Die Geschichte Libyens wird bis Mitte des 19. Jahrhunderts hauptsächlich von wechselnder Fremdherrschaft über die Städte bestimmt. Die nomadische Wüstenbevölkerung, die BeduinInnen, können ihre Unabhängigkeit – wenn auch zeitweise nur durch Kämpfe – erhalten. Die Landwirtschaft als wesentlicher Arbeitsbereich ist durch strikte Arbeitsteilung geprägt, die nicht unbedingt die Frauenarbeit minderbewertet. 1911 endet die Zugehörigkeit zum osmanischen Reich.
Bis 1911 versuchen die Italiener, eine schleichende Kolonialisierung durch die Übernahme wichtiger Institutionen, wie Post und Telegraphenämter,

mittels Hafenkontrollen, Statuierung der „Banco di Roma“ (1907) und durch Siedlungspolitik, durchzusetzen.
Die italienische Entscheidung, das letzte ottomanische Besitztum in Nordafrika zu kolonialisieren, basiert auf der versuchten Überdeckung innerstaatlicher Probleme. Die Cyrenaika wird in den italienischen Tageszeitungen als „kleines Eden“ beschrieben, wo Gemüse für den zu der Zeit knappen Binnenmarkt produziert werden könnte. Mit der Bearbeitung des libyschen Bodens seitens Italien ging auch eine forcierte Siedlungspolitik vonstatten.
Die italienische Kolonialisierung ist insofern eine politische und ökonomische Aneignung des Bodens, die Inbesitznahme einer der elementaren Grundlagen der Gesellschaft. Landnahme und Siedlungskolonialismus in arabischen Ländern war unproblematisch und erfolgreich, da nach moslemischem Glaube kein verkäufliches Landeigentum und infolgedessen keine schriftlichen Besitzrechte existieren. Hier gilt: Für den arabischen Bauern ist der Boden bloße Subsistenzgrundlage und hat für ihn ein Gebrauchswert und ist demnach keine Ware.
Die Maßnahmen der Kolonisatoren erzielen nicht die erwünschten Erfolge, weswegen die italienische Kriegsmarine 1911 im Hafen von Tripolis einläuft. Der bewaffnete Widerstand, der sich gegen die Fremdherrschaft formiert, geht hauptsächlich von beduinischen Stämmen des Landesinneren aus. Die Sanussi-Bruderschaft nimmt hierbei eine bedeutende Rolle ein. Um diese Abwehr in der Bevölkerung zu brechen, greifen die Italiener zu härteren Maßnahmen wie:

- Zwangsumsiedlungen
- Zwang zur italienischen Staatsbürgerschaft, um die nationale Identität auszulöschen
- Errichtung von Instituten zur Vermittlung von italienischer Kultur und Sprache
- Landnahme
- Zerstörung der Landwirtschaft, durch vermehrte Importe
- ZivilistInnen und FreiheitskämpferInnen werden zu RebellInnen erklärt und somit als VerräterInnen verfolgt
- Errichtung von Konzentrationslagern
- Deportationen der Zivilbevölkerung nach Italien

Die Annexion ist das pure Abschlachten der arabischen Zivilbevölkerung. Ein wichtiger Mobilisierungsfaktor der Rebellion ist die befürchtete Vereinnahmung des Islams durch das Christentum. Dies fördert ein neues Nationalbewußtsein, welches von türkischer Seite unterstützt wird. Durch

die Guerillataktik des Widerstands wird die Trennung von Kämpfenden und Unbeteiligten hinfällig; das gesamte Volk wird in die Auseinandersetzungen hineingezogen.
Der Widerstand libyscher Frauen ist vielfältig:

> *„A few participated in the fighting. The majority rendered basic services to their nation while the man were fighting. Women were responsible for the welfare of the family, rearing, educating and feeding the children.*
> *Frequently they were the main economic support of the family by establishing local and domestic industries, such as weaving, which they performed at home while their men were at war."*
> (Habib, 1975, S. 33)
>
> *[„Nur wenige nahmen an den Kämpfen teil. Die meisten übernahmen Dienstleistungen, während die Männer kämpften. Frauen waren verantwortlich für das Wohlergehen der Familie: versorgen und unterrichten der Kinder.*
> *Manchmal waren sie auch für die ökonomische Versorgung der Familie verantwortlich, wenn sie in der örtlichen Industrie oder in Heimarbeit tätig waren, so z.B. wenn sie webten, was zuhause möglich war, während die Männer kämpften."]*

Souriau faßt es folgendermaßen zusammen:

> *„(...), la résistance libyenne, (...), a pris la forme d' une guerilla populaire à laquelle les femmes ont apporté une participation multiforme, attestée même, dans des batailles que leurs présence rendit particulièrement âpres. (...) Les femmes subirent une lourde part dans ruines des foyers, les exactions de biens, la déportation des tribus rebelles, les viols et les bombardements, le confinement enfin dans des camps de concentration distincts de ceux des hommes valides. Certaines furent fusillées pour résistance (...); beaucoup prirent, souvent à pied, les chemins terribles de l'exil par le désert (...). D'autres demeurèrent seules à élever leurs enfants. Dans les villes, les survivants furent*

intégralement claustrées pour sauvegarder ultime refuge de l'honneur de la communanté (...).“
(Souriau, 1977, S. 86)

[„(...) der libysche Widerstand (...) hat die Form einer Volksguerilla angenommen, an der die Frauen auf vielfältige Art teilnahmen, bezeugt selbst in den Schlachten, die ihre Anwesenheit im Nachhinein erwähnenswert machten (...).
Die Frauen erduldeten einen schweren Part bei den Ruinen der Herdstellen, bei der Lebenserhaltung, der Deportation der rebellierenden Stämme, den Vergewaltigungen und den Bombardements, schließlich bei der Verbannung in die Konzentrationslager, getrennt von den Lagern der Männer.
Einige Frauen wurden wegen Widerstands erschossen, (...); viele nahmen oft zu Fuß durch die Wüste die schrecklichen Wege des Exil auf sich (...). Andere blieben allein, um die Kinder zu erziehen. In den Städten wurden die Überlebenden vollständig eingeschlossen, um eine letzte Zuflucht der Ehre der Gemeinschaft zu gewährleisten.“]

Eine Frau findet besondere Erwähnung und wird als einzige Frau unter den AnführerInnen des Befreiungskampfes genannt und abgebildet (El-Hesnawi, 1988, S. 193):

„Salimah Al-Muqawwas is the heroine of the battle of Girgarish. She need to carry a long stick and move about freely among the ranks of the fighting men, encouraging them, raising their morale with her singing und thrilling sounds of sheer joy (...) she was referred to as the Jean d'Arc of the Arabs. After the battle she refused all gifts that were offered to her and insisted on being given a rifle like all the men. Thus she became woman soldier.“
(El-Hesnawi, 1988, S. 164)

[„Salimah Al-Muqawwas ist die Heldin der Schlacht von Girgarish. Sie benutzte einen langen Stock und bewegte sich frei durch die kämpfenden Männerreihen, feuerte sie an und hob deren Moral durch ihren unterstützenden Gesang (...) sie wird als Jean d'Arc der

Araber bezeichnet. Nach der Schlacht lehnte sie alle abgebotenen Geschenke ab und verlangte, daß sie, wie alle Männer, eine Pistole bekäme. So wurde sie Soldatin."]

(El-Hesnawi, 1988, S. 166)

Bis 1923 beschränkt sich das von den italienischen Streitkräften beherrschte Gebiet in der Cyrenaika auf die Küstenzentren. Das Landesinnere dagegen kontrolliert die Sanussi-Bruderschaft. Der sanussische Widerstand wird dadurch gebrochen, daß halbnomadische Libyer deportiert werden.
Nach 1922 weitet sich der PartisanInnenkampf noch aus, und wird zusätzlich von deutschen und türkischen Offizieren unterstützt, die von ihren jeweiligen Regierungen ins Land geschickt werden. Aufgrund innenpolitischer Schwierigkeiten Italiens wird die Durchsetzungskraft der italienischen Truppen mürbe; die LibyerInnen manifestieren daraufhin ihre Erfolge in Massendemonstrationen.

Einen zweiten Schub brutaler Kolonisation leiten die italienischen Faschisten ein. Sie setzen alles daran, die Bevölkerung auszurotten, u.a. mit sogenannten fliegenden Gerichten, mit deren Hilfe die Todesstrafe gegen die PartisanInnen an jedem Ort rechtskräfig wird. Der Widerstand bricht durch solche Methoden endgültig zusammen. In den Städten bleibt der Bevölkerung die Arbeit unter dem Faschismus, auch Frauen und Kinder werden in allen Bereichen eingesetzt, wie z.B. im Strassenbau, um dort Schwerarbeit zu leisten.
Der zweite Weltkrieg bringt das Ende der Kolonisation: England rekrutiert aus seinen Kriegsgefangenen eine Armee, die Idris as-Sanussi, dem derzeitigen Oberhaupt der Bruderschaft, unterstellt wird. Die Briten hatten schon 1914 Einfluß auf as-Sanussi in der Cyrenaika, indem sie ihm für diesen Landesteil die formale politische Unabhängigkeit garantierten.
Nach der Niederlage seiner Truppen am 06.03.1923 ging Idris ins englische Exil. Er wird zum Spielball der Engländer gegen die Italiener, als er 1939 auf Geheiß englischer Offiziere zurückkehrt. Die Italiener bitten die Deutschen um Hilfe. Die deutschen Nationalsozialisten sehen die Chance von Libyen aus über Ägypten (Suez) und weiter in den arabischen Osten vorzudringen. Im Oktober 1942 werden die italienischen und deutschen Truppen in Nordafrika von der libysch-arabischen Streitmacht sowie den ägyptischen Truppen geschlagen. England jedoch beansprucht den militärischen Sieg für sich.
Kolonisation, Krieg und Migration hinterlassen nur noch die Hälfte der Bevölkerung, ca. 750.000 LibyerInnen wurden umgebracht.
Zwischen 1943 und 1951 stehen die Landesteile Tripolitanien und Cyrenaika unter der englischen Kolonialmacht. Im Fezzan wird eine französische Militärverwaltung etabliert, da die Alliierten sich nach der italienischen Niederlage nicht über die weitere Zukunft Libyens einigen können. Am 20.01.1943 verstärken Strassendemonstrationen die Forderung nach Zulassung politischer Organisationen ; am 30.08. desselben Jahres wird dem Verlangen nachgegeben. 14 Monate später (07.10.1944) fordern die LibyerInnen auf weiteren Massendemonstrationen die politische Unabhängigkeit und nationale Souveränität sowie Rearabisierung und Wiederbelebung des eigenen Kulturguts. Im gleichen Jahr gründet Ahmad al-Faqih aus dem schon bestehenden Literaturclub eine antikolonialistische Partei. Zwei Jahre später wird die Partei legalisiert, jedoch von konservativen Kräften unterwandert. Faqih gründet erneut eine Partei mit ähnlichen Statuten.
Stammesfehden werden zugunsten der nationalen Einheit zurückgestellt. Dennoch läßt Idris as Sanussi – mit kolonialer Unterstützung Englands bereits ein Machtfaktor – am 07. September 1947 alle Parteien wieder auflösen und deren Aktivisten verfolgen.

1949 beschließt die UNO, daß der Souveränität Libyens nichts mehr im Wege stehe.
Am 24.12.1951 proklamiert Idris as-Sanussi im Einvernehmen mit England die Unabhängigkeit der Cyrenaika. Die Tripolitanische Nationalbewegung akzeptiert Idris as-Sanussi daraufhin als König Gesamtlibyens, da sie die nationale Unabhängigkeit nicht gefährden will.
Der Staat ist jedoch nur formal unabhängig, es existiert eine dürftige parlamentarische Ordnung; das Königreich Libyen bleibt England hörig. Wegen der reaktionären Führung existieren die drei Provinzen Libyens – Fezzan, Cyrenaika und Tripolitanien – als separate Teile einer losen Förderation.

> *„Ende 1950 wurden die Mitglieder einer verfassungsgebenden Nationalversammlung aus der Oberschicht des Landes von den Besatzungsmächten bestimmt. Die ausgearbeitete Verfassung sah die konstitutionelle Erbmonarchie und ein Zweikammersystem (Repräsentantenhaus und Senat) sowie einen förderalistischen Staatsaufbau mit den Provinzen Tripolitanien, Cyrenaika und Fessan vor. (...)*
> *Vom Repräsentantenhaus, Senat und König gehen allgemein die Gesetzesinitiativen aus. Die Parlamentsabgeordneten (103 Sitze) werden alle 4 Jahre gewählt (...). Nach dem Krieg hatten sich 6 politische Parteien in Tripolitanien und 3 in der Cyrenaika später gebildet. 1963 wurden alle Parteien (erneut, d.V.) verboten.“*
> (Treydte, 1970, S. 23f)

1953 werden englische Truppen stationiert; das gesamte Transportwesen und die zivile Luftfahrt unterstehen der britischen Verwaltung. Proteste aus der Bevölkerung unterdrücken die Machthaber blutig. Stützpunkte des englischen und US-amerikanischen Militärs werden errichtet. – 1956 wird Ägypten durch die Engländer, elf Jahre später seitens der USA von dort aus angegriffen. – Die Pachteinnahmen sind bis zur Entdeckung des Erdöls die Haupteinnahmequelle des Staates.
Libyen gehört bis zu diesem Zeitpunkt zu den ärmsten Ländern der Welt; der italienische Siedlerkolonialismus hat weder eine Infrastruktur aufgebaut bzw. erweitert noch in Bildungs-, Versorgungs-, Gesundheits- und anderen Einrichtungen investiert. Es wurde auch nicht versucht, eine kleine Schicht von LibyerInnen in die italienische Gesellschaft zu integrieren, um mit deren Hilfe Einfluß auf die einheimische Bevölkerung zu nehmen. Das libysche Volk war von allen Kolonialstrukturen ausgeschlossen.

Für die 40er Jahre und auch noch zu Beginn der 50er Jahre wird die AnalphabetInnenrate auf mindestens 95% geschätzt, wobei davon ausgegangen werden kann, daß Frauen zu 100% weder lesen noch schreiben können. Entsprechend wenig Schulen existieren.
Nur ca.2% der erwerbsfähigen Männer sind Lohnarbeiter; für den Aufbau eigener Betriebe steht kein Kapital bereit. Auch 1956, nach begonnener Ölförderung, zeichnet sich keine Verbesserung des Lebensstandards ab. Die Staatsführung ruiniert indirekt durch ihre Politik des Vorzugs der Erdölproduktion die Agrarwirtschaft. Die NomadInnen und SeminomadInnen siedeln an der Peripherie der Städte aufgrund der Zerstörung ihrer eigenen Lebensgrundlage: die Preise für ihr Haupthandelsgut, die Kamele, sind immens gestiegen und erschweren dadurch den Handel. In den Städten erhoffen sie sich bessere Lebens- und Verdienstmöglichkeiten. Durch die zusätzliche Migration von Teilen der verarmten seßhaften Landbevölkerung in die Zentren entstehen Slums am Rande der Städte. Die Landwirtschaft wird zunehmend vernachlässigt, die Abhängigkeit von importierter Ware nimmt zu. Die LibyerInnen finden nur schwer bezahlte Hilfsarbeiten, u.a. wegen ihres niedrigen Bildungsniveaus. Die leitenden Positionen bleiben währenddessen in italienischer Hand.
Die Gewerkschaften, die die Streiks für verbesserte Arbeitsbedingungen von 1956, 1961 und 1967 organisierten, sollen, wie zuvor die Parteien, aufgelöst werden, sie wehren sich jedoch erfolgreich dagegen.
Die Erwerbspersonenquote (sie betrifft Personen über 15 Jahre) sinkt zwischen 1954 und 1964; bei den Frauen von 10,9% aller Erwerbstätigen auf 4,6%, d.h. die Arbeitsmarktlage verschlechtert sich gravierend. 1965 gibt es ca. 37.000 Gewerkschaftsmitglieder, dies entspricht ca. 17% aller Arbeiter.
In den 50er Jahren werden Frauenorganisationen mit der Intention, auf den gesellschaftlichen und politischen Status der Libyerinnen Einfluß zu nehmen, ins Leben gerufen.

Es existieren keine uns zugänglichen Studien über das Leben von libyschen Frauen zu dieser Zeit. Es kann nur gemutmaßt werden, daß sie hauptsächlich „Hausfrauen“ (El-Sahli / Allaghi) oder arbeitende Familienangehörige in der Landwirtschaft waren und kaum am gesellschaftlichen Leben partizipierten. Die organisierten Libyerinnen sehen ihr Hauptanliegen im Kampf gegen die AnalphabetInnenquote. Sie bieten Bildungsprogramme, Fortbildungskurse in Haushaltsführung, Schneidern, Stenographie an und geben Nachhilfe, leisten karitative Dienste und kümmern sich um kulturelle Angelegenheiten (Bibliotheken, Ausstellungen).
Die Frauen des 1955 in Benghazi gegründeten Verbandes waren aufgrund des Einflusses der ägyptischen Frauenbewegung aktiver als die Libyerinnen

aus Tripolis, deren Verband sich 1957 gründete. Die verschiedenen kulturellen Einflüsse in der Geschichte der Handelsmetropole Tripolis führten dazu, daß die gebildeten Frauen seit 1911 dort eher mit der europäischen, speziell der italienischen Kultur konfrontiert waren. Nun versuchen sie, jegliche Imitation westlicher Werte zu vermeiden.
Die einzelnen Frauenverbände arbeiten bis 1963 unabhängig voneinander. Im Fezzan gründen sich erst später Frauenverbände – näheres ist uns nicht bekannt.
Durch den durch Erdöl erzielten Reichtum des Landes wird ein 5-Jahresplan festgelegt, der neben sozialen sowie medizinischen Versorgungsverbesserungen u.a. mehr in die Bildung von Frauen investieren will.
Frauen (Libyerinnen und Migrantinnen) stellen ca. 4,6% aller Werktätigen, sie arbeiten größtenteils in den nach westlichen Kriterien typischen Frauenberufen: in Schulen und in Krankenhäusern.

Im medizinischen Bereich zeichnet sich nach Inkrafttreten des ersten 5-Jahresplans ein Versorgungsfortschritt ab. Es werden mehr Krankenhäuser gebaut, die medizinischen Dienste sind kostenlos; trotzdem bleibt die Infrastruktur des Gesundheitswesens ungenügend. Abtreibungen sind gesetzlich verboten, Verhütungsmittel werden nur unter ärztlicher Überwachung ausgegeben.
Auch das Heiraten wird reglementiert: Da immer mehr Libyer die ansteigenden Brautpreisforderungen und Ausstattungskosten zu umgehen versuchen, sowie die Heirat mit Analphabetinnen zum Teil ablehnen – statistisch können nur 20% der alphabetisierten Männer eine alphabetisierte Frau ehelichen – wird ein Gesetz zum Schutz der libyschen Frau erlassen: Den Männern wird gesetzlich untersagt, eine Nichtlibyerin zu heiraten.
Im Gesetz Nr.6 von 1959 wird Frauen das Erbrecht innerhalb der religiösen Begrenzungen garantiert – Frauen erhalten die Hälfte, auf Zuwiderhandlung steht Gefängnisstrafe. Das gesetzliche Mindestheiratsalter für Frauen liegt bei 18 Jahren, was dem Brauch widerspricht und sich aufgrund der meist viel jünger Heiratenden nicht durchsetzt.
1963 wird Libyen, d.h. Fezzan, Cyrenaika und Tripolitanien, zu einem Staat zusammengefaßt und durch 10 Minister (keine Frau) vertreten.

> *„There were two women who entered and distinguished themselves in the diplomatic service by serving with the United Nations during the late fifties and sixties."*
> (Habib, 1975, S. 34)
>
> *[„Zwei Frauen engagierten sich Ende der 50er und 60er Jahre im diplomatischen Dienst, indem sie mit den Vereinten Nationen arbeiteten."]*

Im gleichen Jahr erhalten die Frauen das Wahlrecht. Das Wahlverhalten der Frauen gleicht dem der Männer und stützt somit zu Beginn die Monarchie. Die herrschende traditionelle Elite erfährt durch den Wandel vom Entwicklungsland zum Ölstaat, der das gesellschaftliche Gefüge verändert, eine Schwächung. Durch die rapide Urbanisierung wird das tradierte soziale Gefüge, dem ein hoher Grad an Solidarität und Gemeinsinn und ein dementsprechendes Hierarchieverständnis zugrunde liegt, gestört. Die Landflucht führt zu einer offensichtlichen Diskrepanz zwischen Arm und Reich, gekennzeichnet durch stetig wachsende Slums am Rand der Städte: 1967 leben 40.000 Menschen in den Slums von Tripolis.
In der Endphase der Idris-Ära werden die Lebensmittel hauptsächlich importiert, die Landwirtschaft erliegt den Folgen der Landflucht. Der zunehmende Unmut in der Bevölkerung wird zu Widerstand in Form von Streiks und Demonstrationen; Idris wird zum „Agenten des Imperialismus" (Mattes) abqualifiziert, da er viele leitende Funktionen von Engländern und Amerikanern besetzen läßt. Das Verbot politischer Parteien und das Fehlen intakter Massenorganisationen als Folge der Unterdrückungsmaßnahmen verhindert eine Lösung auf legalem Wege.

3.2 1969 und die Folgen

Der Bund der Freien Offiziere (zum größten Teil stammen die Mitglieder aus BeduinInnenfamilien) gründet sich 1964 nach ägyptischem Vorbild, animiert durch das ägyptische Modell der Arabisch Sozialistischen Union (ASU) unter Nasser. Dieser Bund putscht sich am 01. September 1969 an die Macht.*
Die konkrete Planung des Militärcoups umfaßt mindestens 14 Tage und organisiert sich zwischen Benghazi und Tripolis. Es werden am 01. September gleichzeitig in beiden Städten verschiedene Institutionen wie Radiosender, Polizeistationen, Postämter u.a. besetzt.

Die Machtübernahme dauert vier Stunden, morgens um 06:30 Uhr ertönt dann eine Radiodurchsage, die später als Kommuniqué Nr.1 bekannt wird. Idris as-Sanussi, der sich gerade in der Türkei aufhält, erhält keine der von ihm geforderten ausländischen Hilfen: die Monarchie wird erfolgreich gestürzt. Die Planung und Durchführung findet ohne die Teilnahme von Frauen statt, allerdings unterstützen sie den Sturz der Monarchie mit

* Der Machtwechsel erhält in der Literatur die verschiedensten Begriffe: Putsch, Coup, Revolution etc., da er keiner Definition gerecht wird und jedeR AutorIn für sich entscheidet. Gaddafi besteht darauf, daß die Übernahme eine Revolution und kein Coup gewesen sei. Wir ordnen dieses Geschehen als Coup mit revolutionären Folgen ein und berufen uns dabei auf Karam Khella, 1986, S. 53.

Demonstrationen und verlangen gleichzeitig von den neuen Machthabern die Berücksichtigung ihrer Interessen:

> *„Dès les premiers jours, des femmes manifestèrent un soutient enthousiaste à la „révolution blanche“: l‘on vit dans les rues le rare spectacle de cortège féminin spontanés défilant avec ou sans voile, clamant des slogans politique et faisant au micro des déclarations révolutionnaires. D‘autres femmes vinrent en masse, (...), assister à des meetings organisés pour elles avec équipe des Officers libres; (...). Elles voulaient leur part de révolution: ils ne dirent pas non mais posèrent la question de la nature féminine, du rôle spécifique des femmes.“*
> (Souriau, 1977, S. 95f)
>
> *[„Von den ersten Tagen an äußerten Frauen eine enthusiastische Unterstützung der “Weißen Revolution”; da sah man in den Straßen das seltsame Schauspiel spontaner Demonstrationszüge von Frauen, mit oder ohne Schleier gehend, politische Parolen rufend und über Mikros revolutionäre Deklarationen verkündend. Andere Frauen kamen massenhaft (...), um in den für sie organisierten Treffen mit den freien Offizieren zugegen zu sein; (...) sie verlangten ihren Anteil an der Revolution: Sie (die Offiziere, d.V.) sagten nicht nein, stellten aber die Frage nach der weiblichen Natur, der spezifischen Rolle der Frauen.“]*

Wegen Ermangelung eines festen Programms

> *„(...) kam der Organisationstätigkeit, Überzeugungskraft, Integrationsfähigkeit und Führungsqualität Qaddafis eine überragende Bedeutung beim Aufbau der Bewegung der Freien Offiziere zu und er war es letztlich auch, der die Mitglieder des Zentral-Komitees bzw. (nach der Revolution) des MQT (=RKR, Revolutionärer Kommandorat, d.V.), aus dem relativ kleinen Kreis von nur 60-80 freien Offizieren selbst auswählte.“*
> (Mattes, 1982, S. 59)

Die Arabische Sozialistische Union (ASU), 1971 in Anlehnung an das ägyptische Verfassungsmodell von 1964 von den freien Offizieren gegründet, setzt sich aus den verschiedenen Organisationen und Verbänden sowie den

gewählten VertreterInnen der Volkskonferenzen, die für alle zugänglich sind, zusammen. Die ASU soll die Perspektive von „Freiheit, Sozialismus und arabische Einheit“ gegen die hierarchische und regionenbezogene Struktur der Sanussi „Allah – König – Vaterland“ (Mattes) durchsetzen. Die ASU ist ein Zusammenschluß aller bis dahin gegründeten Massenorganisationen, die gemeinsam ein neues Staatsgefüge nach der Dritten Universaltheorie (DUT) erstellen sollen. Der Revolutionäre Kommandorat (RKR) als oberste Instanz, der nur befristet bis zum Erreichen der Ziele Freiheit, arabische Einheit und Sozialismus existieren soll, besteht aus 12 Mitgliedern. Aufgrund unterschiedlicher Herkunft spaltet sich die erste Gruppierung 1975 und macht erst damit den Weg für den Aufbau der neuen sozialistischen Gesellschaft frei. Bis dahin hatte sich Gaddafi schon von seinen öffentlichen Pflichten, das Kabinett zu leiten zurückgezogen, um die Dritte Universaltheorie zu verfassen. Die personellen Veränderungen im RKR finden also noch unter Jallud statt, der von 1972-1977 das Kabinett leitet. Gaddafi bestimmte Jallud, seine Position zu übernehmen, da dieser sich als Administrator durch die Organisation der Erdölgewinnbeteiligung profiliert hatte.
Um die Belange der Frauen zu berücksichtigen und deren Forderungen nachzukommen, beruft der RKR Anfang 1970 einen Frauenkongreß ein, auch um Unterstützerinnen der neuen Staatsführung zu gewinnen. Es werden Probleme diskutiert und Resolutionen verfaßt, die sich teilweise in der Gesetzgebung wiederfinden, wie im Scheidungs- und im Arbeitsgesetz. Die vor 1969 existierenden Frauenorganisationen werden aufgelöst, um eine einheitliche Frauenunion zu schaffen. Die bisher von den Frauenverbänden ausgeübten sozialen Dienste werden in das revolutionäre Sozialprogramm integriert und damit ist nach offizieller Ansicht die Existenz privater Organisationen hinfällig.
Die „Allgemeine Frauenunion“ wird eine der wichtigsten Organisationen neben der Arbeiterunion und der Schüler- und Studentenunion und bildet den Dachverband der in den meisten Landesteilen existierenden Frauenvereinigungen und -formationen. Im Gegensatz zu den Frauenvereinigungen sind die „Revolutionären Frauenformationen“ regional stärker vertreten. Die Frauenunion ist hauptsächlich in den großen Städten ansässig. Die „Revolutionären Frauenformationen“ haben die Aufgabe, die weibliche Bevölkerung für revolutionäre Ziele zu mobilisieren, während die Vereinigungen den Zugang zum Arbeitsmarkt erleichtern sollen. Die Ziele dieser Organisationen finden sich auch in der Dritten Universaltheorie wieder.
Der Dachverband „Allgemeine Frauenunion“, dessen Vollversammlung einmal jährlich tagt, hat die allgemeine Planung der Frauenarbeit im politischen, sozialen und kulturellen Bereich zur Aufgabe. Auf der Vollver-

sammlung werden insgesamt zwölf Frauen für die Verwaltung, den Rat, die Präsidentin und die Kassensekretärin gewählt. Durch die Mitgliedschaft (ab 17 Jahren) erhalten die Frauen Vorteile in ihrer beruflichen Laufbahn. Der Grundwiderspruch bleibt dennoch erhalten: die Frauen befinden sich zwischen Tradition und Revolution.

> *„Auf der einen Seite befürwortet Qaddafi die traditionelle Rolle des im Islam vorherrschenden Frauenbildes auf der anderen erkennt er die noch immer vorhandene Versklavung derselben in der libyschen Gesellschaft."*
> (Badry, 1986, S. 209)

1977 wird die ASU aus Gründen der fehlenden, aber notwendigen Resonanz, aufgelöst und die DUT in Zusammenhang mit dem Grünen Buch tritt in Kraft. Die Frauenorganisationen werden durch diese Umstrukturierung in ihrer Arbeitsform nicht verändert.

4. DAS REVOLUTIONÄRE LIBYEN

4.1 Das gesellschaftliche Modell Libyens: Die Dritte Universaltheorie

Es wird unterschieden zwischen Dritter Universaltheorie (DUT) und Grünem Buch (G.B.). Die Dritte Universaltheorie ist die verbale Form, aus der dann unter Einbeziehung von Erfahrungen das Grüne Buch hervorgegangen ist.
Der Begriff DUT wird einem von Gaddafi in Tripolis gehaltenen Vortrag (1972) entnommen, der als komprimierteste Darstellung der allgemeinen politischen Vorstellungen Gaddafis gilt. Wie bereits erwähnt hatte sich Gaddafi zuvor für ideologische und organisatorische Aufgaben von den öffentlich-politischen zurückgezogen, mit der Begründung, daß die Dritte Welt (so der von Gaddafi benutzte Begriff) eine eigene Theorie benötigt, die sich weder in der kapitalistischen Theorie der ersten noch in der kommunistischen der zweiten Welt wiederfindet. Die Dritte Universaltheorie erhebt laut Gaddafi für sich den Anspruch, weltweite Anwendung finden zu können. Seiner 1972 gehaltenen Theorievorstellung mangelt es jedoch an Handlungsanweisungen zur Durchführung und zum Erreichen der angegebenen Ziele.
1975 wird die Arabisch Sozialistische Union auf Bezirksebene aufgelöst. Stattdessen werden Basisvolkskongresse (BVK) für alle Bereiche gegründet – jeder Mensch soll sich in irgendeiner Organisation wiederfinden. Aus diesen Zusammenschlüssen heraus werden Führungskomitees gebildet. Gaddafi zieht sich erneut, unter zusätzlicher Abgabe seiner protokollarischen Pflichten an Jallud (1974), mit der Idee zurück, die bis jetzt gemachten Erfahrungen mit der Theorie (DUT) in Einklang zu bringen. Er verfaßt das Grüne Buch, dessen erster Teil 1976 erscheint.

Die Entwicklung der politischen Umsetzung

Zum besseren Verständnis der Entwicklung von Theorie und Praxis, ist unseres Erachtens schon der Einstieg ab 1969 erforderlich.
Nach dem 01. September 1969 sind die ersten Monate und Jahre von der Suche nach einer funktionsfähigen politischen Struktur durch den Revolutionären Kommandorat geprägt.
Die Deklaration vom 01.09.1969 besagt unter Punkt 2:

> *„Der Revolutionsrat ist die einzige Instanz, die dazu bevollmächtigt ist, die Geschicke der arabisch-libyschen Republik zu leiten. Deshalb stehen alle*

Regierungsämter, Beamten und Ordnungskräfte von nun an dem Revolutionsrat zur Verfügung. Jegliches Zuwiderhandeln wird bestraft.“
(zit. n. Badry, 1986, S. 30)

Es existieren keine Parteien. Die uneingeschränkte Macht des RKR ermöglicht diesem, die Regierung jederzeit wieder aufzulösen. Die Bezirke werden, unabhängig von kulturellen und traditionellen Zusammenhängen, neu eingeteilt. Neuernannte Modernisierungsadministratoren, die diese Bezirke regieren sollen, lösen die vorherigen Amtsinhaber ab, da jene nicht das Vertrauen des RKR genießen. Alldies sind keine von der Bevölkerung getragenen Entscheidungen, sondern Anordnungen des RKR. Das Mißtrauen von Seiten des RKR dem Volk gegenüber läßt keinen Spielraum für Entwicklungen von unten, die Bevölkerung reagiert darauf ihrerseits mit Desinteresse. Die ASU scheitert 1975 am mangelnden Aktivismus der Bevölkerung.

„An den Mitgliederzahlen gemessen war die ASU durchaus erfolgreich, obwohl die Aufnahme von Frauen, trotz ausdrücklicher Befürwortung Qaddafis, gering blieb.“
(Badry, 1986, S. 40)

Die Mitgliedschaften haben zudem häufig nur formellen Charakter, um Repressionen zu vermeiden. Aufgrund der ablehnenden Haltung in der Bevölkerung wird als neuer Versuch der höchste Rat für nationale Orientierung gegründet, der für Aufklärungsarbeiten in der Bevölkerung mit Hilfe von Seminaren und Konferenzen sorgt.
Mit der Darstellung der DUT, in der 1972 in Tripolis gehaltenen Rede, beabsichtigt Gaddafi, das Dilemma der fehlenden Orientierung zu lösen.

Das Ministerium für Information:
„(...) die DUT ist (...) eine dynamische Theorie, deren Umfang und Aussagekraft parallel mit der tatsächlichen politischen Entwicklung fortschreitet, bzw. die politische Aktion nach ihrer Realisierung Teil der Theorie wird.“
(zit. n. Mattes, 1982, S. 193)

Aspekte der Dritten Universaltheorie

Der Aufbau der DUT läßt sich in fünf Aspekte unterteilen. Diese Aspekte verdeutlicht Mattes in dem folgenden Schaubild.

Schaubild: Die Aspekte der DUT

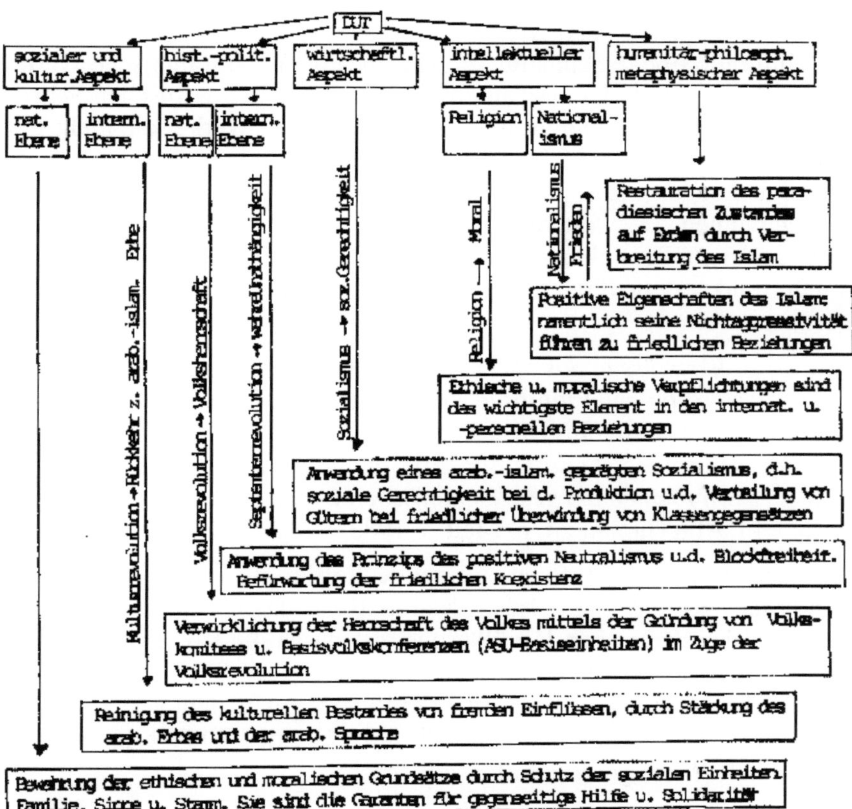

a) Der soziale Aspekt

Unter den sozialen Aspekt fällt der Aufbau der Gesellschaft. Die Gesellschaft basiert auf der Kernfamilie, deren nächstgrößere Einheit der Stamm bildet, welcher sich wiederum mit anderen Stämmen zur Nation zusammenschließt. Nur wenn die kleinste Einheit ungestört existieren kann, funktioniert die sich darauf stützende Gesellschaft.

Gaddafi sieht in der Auflösung familiärer Zusammenhänge in kapitalistischen Gesellschaftsformen die Hauptursache für die gesellschaftliche Zerrüttung und der dort steigenden Kriminalität. Der Kapitalismus steht somit für ihn als ein willkommenes abschreckendes Beispiel zur Verstärkung seiner eigenen Theorie.

Die kulturelle Ebene beinhaltet die Rückbesinnung auf arabische Werte: u.a. wird nach 1969 der ausschließliche Gebrauch der arabischen Schrift gesetzlich verankert. Durch die Eliminierung aller Werke, die nicht mit dem libyschen Erbe, den Traditionen und Bedürfnissen übereinstimmen oder ihnen sogar widersprechen, sollen eigene Werte wieder an Bedeutung gewinnen. Desweiteren strebt die kulturelle Seite der Revolution eine veränderte Einstellung des Mannes zur Frau an. Die bis dahin in den Hintergrund gestellte Frau soll nun verstärkt in die Öffentlichkeit integriert werden.

> *„Wir müssen das oberflächliche Denken ablegen, das sich von den religiösen Äußerungen unterscheidet und zum Verständnis zurückkehren, das im Koran festgeschrieben ist und das die größtmögliche Beteiligung von Frauen am gesellschaftlichen Leben bestimmt."*
> ('Abu Gamal, zit. n. Mattes, 1982, S. 382f)

Eine andere gesellschaftsbestimmende Forderung ist die nach einer einheitliche Kultur im libyschen Nationalstaat. Durch die Unterschiede zwischen der städtischen Bevölkerung, die durch die Kolonialmächte in kultureller Form beeinflußt wurde, und der ländlichen Bevölkerung, deren ursprüngliches arabisch-islamisches Kulturerbe noch nicht verloren ging, besteht eine kulturelle Divergenz, die mittels einer Rückbesinnung auf traditionelle Werte gelöst werden soll.

b) Der historisch-politische Aspekt

Gaddafi unterscheidet zwischen dem nationalen und dem internationalen politischen Aspekt: dem gesellschaftlich internen Konflikt und jenem zwischen den verschiedenen Gesellschaften. Für Gaddafi liegt der Urkonflikt in der Machtgier jeder einzelnen Person. Um diese zu vermeiden, müssen alle an der Gesellschaft beteiligten selbst Mitsprache- und Entscheidungsmöglichkeiten erhalten. Hierfür wird die Gesellschaft in Einheiten aufgegliedert, die die BVK bilden. Die Mitgliedschaft in diesen Kongressen erfolgt für jedeN automatisch. Die BVK bilden Führungskomitees, welche sich wiederum zur AVK formieren. Die AVK bildet das oberste politische Regierungsinstrument.

> *„Dadurch soll der gesellschaftliche interne Kampf um die Macht definitiv und endgültig beendet werden, da die Interessen der Individuen über den regionalen BVK genauso wie die Interessen von Parteien, Klassen, Gruppen etc. in das einheitliche politische Repräsentationsorgan der AVK integriert u. die Gesellschaft als ganzes dadurch in ein politisches Instrument transformiert wurde."*
> (Mattes, 1982, S. 218)

Der internationale Aspekt entsteht aus der Schlußfolgerung, daß erst religiöse und nationalistische Bestrebungen die internationalen Konfliktherde bedingen. Eine stärkere Akzeptanz der Anderen soll dies eindämmen oder vermeiden. Diese Sichtweise beruht auf der islamischen Lehre, die den Individuen auf alle wirtschaftlichen und sozialen Fragen Antworten bereithält. Für Gaddafi läßt allein der Islam es zu, daß Konflikte ohne Gewalt und für alle gerecht ausgetragen werden können.

c) Der ökonomische Aspekt
Der wirtschaftliche Ansatz basiert auf dem „wahren Sozialismus", einer der drei gesellschaftstheoretischen Säulen (Einheit, Freiheit und Sozialismus). Gaddafi führt in seiner Rede fünf allgemeine Handlungsrichtlinien zur ökonomischen Konzeption aus:

1. Eliminierung der Ausbeutung des Menschen durch seinen Bruder (Mitmenschen)
2. Friedliche Überwindung der Klassengegensätze zur Verwirklichung sozialer Gerechtigkeit
3. Realisierung von sozialer Gerechtigkeit, Gleichheit und Chancengleichheit
4. Bekämpfung von Rückständigkeit und Bewältigung der Herausforderungen von Entwicklung und Fortschritt
5. Aufruf zum Aufbau einer Wohlstandsgesellschaft, basierend auf ausreichender Eigenproduktion und Gerechtigkeit bei ihrer Verteilung (n. Mattes, 1982, S. 206)

Die ungleiche Einkommensverteilung soll abgeschafft und durch horizontale Einkommensverteilung ersetzt werden, ermöglicht durch gemeinsamen Besitz. Dieses kollektive Eigentum beinhaltet immer finanzielle und persönliche Beteiligung. Die Arbeitgebenden werden verpflichtet, 25% ihres Umsatzes an die Arbeitenden abzugeben; diese verpflichten sich ihrerseits zur Mitbestimmung. Bei staatlichen Betrieben wird das Eigentum in Form von Aktien verteilt, die Aktienakkumulation aber ist verboten.

d) Der intellektuelle Aspekt …

… gilt als Bindeglied zwischen den oben beschriebenen Aspekten und dem humanitär-philosophisch-metaphysischen. Jeder Mensch soll sich mit der Religion und dem Nationalismus auseinandersetzen. Friedliche zwischenmenschliche Beziehungen können durch islamische Prinzipien aufgebaut werden; nichtreligiösen Menschen ist diese Möglichkeit aufgrund ihrer Sichtweise des Lebens verwehrt. Der Nationalismus soll die Einzelnen in ihrer Beziehung und in ihrer Verantwortung in Bezug auf die Gesellschaft stärken.

e) Bleibt der abstrakte Aspekt, …

… die Notwendigkeit einer Theorie an sich. Diese Theorie muß laut Gaddafi menschlich sein, d.h. alle Probleme der Menschheit müssen Lösungen bekommen. Diesen Anspruch erfüllt der Islam. Die im Koran niedergeschriebenen Offenbarungen bieten philosophische und praktische Handlungskonzepte.

> *„The T.U.T. (Third Universal Theory, Anm. Verf.) adheres to the correct conception of religion that provides answers to every minute question whether it is earthly or spiritual. Therefore, the Third Theory is the only path capable of uprooting falsehood as it is based on morals, ideals and values. It is also capable of putting an end to man's slavery to materialistic objectives as it considers all men God's creatures, all being equal, gaining preference only through piety."*
> (LAR, Ministry of Information, p.6, zit. n. Mattes, 1982, S. 201)
>
> *[„Die Dritte Universaltheorie bietet die perfekte Konstruktion für die Religion. Sie gibt Antworten auf jede Frage, egal ob weltliche oder religiöse. Die Dritte Universaltheorie ist der einzige Weg, der Verkehrtes*

aufdeckt; sie basiert auf Moral, Werten und Idealen. Sie ermöglicht außerdem die Beendigung der Sklaverei – alle sind jetzt göttliche Kreaturen, alle sind gleich und nur ihrer Pietät verantwortlich."]

So schafft Gaddafi einen gesellschaftstheoretischen Überbau, der sich im Grünen Buch noch manifestieren und durch Handlungsanweisungen konkretisieren wird.

Das Grüne Buch als Fazit aus Dritter Universaltheorie und der daraus folgenden Praxis

Vorweg ist zu erwähnen, daß wir mit einer Übersetzung arbeiten; es ist uns bewußt, daß dies eine Einschränkung der Interpretation bedeutet, da die arabische Sprache und Kultur sich sehr von der unsrigen unterscheidet. Im Folgenden wird nur der für uns vorrangige Abschnitt des Grünen Buches über die Frauen systematisch wiedergegeben. Wir beschränken uns hier zunächst auf die Inhaltswiedergabe, die einzelnen Aussagen analysieren wir anschließend im Rahmen der entsprechenden Themenkomplexe.
Als übergeordnetes Ziel gilt:

> *„Der Zweck der neuen sozialistischen Gesellschaft ist die Schaffung einer Gesellschaft, die glücklich ist, weil sie frei ist."*
> (S. 57)

Das Grüne Buch besteht aus drei Teilen. Der erste Teil „Die Lösung des Demokratieproblems. Die Macht des Volkes" erscheint im Januar 1976. Im November 1977 folgt „Die Lösung des wirtschaftlichen Problems. Der Sozialismus." „Die soziale Basis der DUT" als letzter Teil wird im Juni 1979 veröffentlicht. Der Abschnitt „Die Frau" befindet sich im Dritten Teil und nimmt rund ein Drittel ein, damit ist es das längste Teilstück des Gesamtwerks.

> *„Diskriminierung zwischen Mann und Frau ist ein flagranter Akt der Unterdrückung, für den es keinerlei Rechtfertigung gibt."*
> (S. 92)

Diese Argumentation basiert auf der Erkenntnis der biologischen Notwendigkeit beider Geschlechter. JedeR hat ihre/seine Rolle, die gemeinsam erst das Leben ausmachen.

> *„Warum Mann und Frau? Die menschliche Gesellschaft setzt sich natürlicherweise aus Männern und Frauen zusammen. (...) Es muß eine natürliche Notwendigkeit dafür bestehen, daß es Mann und Frau gibt, und nicht nur den Mann oder nur die Frau. Daraus folgt, daß sie nicht miteinander identisch sind; das bedeutet, daß es für beide von ihnen eine Rolle gibt, die dem Unterschied zwischen ihnen entspricht."*
> (S. 93)

Die Rolle der Frau ist geprägt von ihrer Gebärfähigkeit:

„Mutterschaft ist die Funktion des weiblichen Wesens und nicht des männlichen."
(S. 98)

Die Schwangerschaft wird mit einem Schwächezustand bzw. mit Krankheit gleichgesetzt:

„Da der Mann nicht schwanger werden kann, kann sich bei ihm dieser Schwächezustand nicht einstellen, an dem die Frau, als weibliches Wesen, leidet."
(S. 94)

Die Frau steht dem Arbeitsmarkt während der ersten Lebensjahre ihres Kindes nur bedingt zur Verfügung, da:

„(...) diese biologischen Funktionen eine schwere Belastung sind, die der Frau besondere Anstrengungen und Leiden auferlegen."
(S. 95)

Entfernt sich die Frau von ihren natürlichen Aufgaben, entsteht eine „künstliche Lebensweise" (S. 86), unter der die Nachkommenschaft leidet:

„Nichts außer der natürlichen Mutterschaft (das heißt: Das Kind wird von seiner Mutter aufgezogen) entspricht der Natur und Würde des Menschen."
(S. 86)

Begründet wird ihre Rolle mit Vergleichen in der Tierwelt, in der das weibliche Wesen für die Aufzucht verantwortlich ist. Fürsorgeeinrichtungen sind Ausnahmeeinrichtungen und werden nur dann befürwortet, wenn sich keine familiäre Lösung findet.
Die Mutterschaft erfährt absolute Priorität:

„Die Mutter, die auf Mutterschaft verzichtet, widerspricht ihrer natürlichen Rolle im Leben."
(S. 98)

Die Frau darf nicht gezwungen werden, andere Arbeit zu leisten, ihr muß immer die Möglichkeit gegeben werden, ihre natürliche Rolle auszuüben. Leistet die Frau körperliche Arbeit (gemeint ist Lohnarbeit), dann liegt das am Druck der materialistischen Gesellschaft an sich. Eine freie Entscheidung kann die Frau in diesen Gesellschaften nicht treffen, da dort die biologischen Unterschiede zwischen Frau und Mann mißachtet werden.

„Die Forderung nach Gleichheit zwischen ihnen bei schmutziger Arbeit, die ihre Schönheit vermindert

und ihrer Weiblichkeit abträglich ist, ist ungerecht und grausam."
(S. 100)

Die geteilte Arbeitswelt liegt in der Biologie der zwei Geschlechter begründet und soll deshalb aufrecht erhalten werden.

KeineR darf in Entscheidungen, die das Miteinanderleben betreffen, bevormundet werden, wie bei Heirat oder Scheidung. Die Frau besitzt ein Recht auf das Haus, da dieses gleichzeitig ihr Lebens- und Arbeitsbereich ist. Während die Rolle der Frau die der Mutter ist, wird die Rolle des Mannes in der entfremdeten Arbeitswelt gesehen und nicht infrage gestellt.

„Die physische Beschaffenheit, die natürlicherweise bei Mann und Frau verschieden ist, führt zu Unterschieden in den Funktionen ihrer Organe. Das wiederum bringt Unterschiede in der Psyche, der Stimmungslage, den Nerven und der äußeren Erscheinung. Frauen sind meist zart, hübsch, neigen zum Weinen und Erschrecken. Sie sind meist sanftmütig, während das männliche Wesen Robustheit entwickelt hat."
(S. 105)

Bei dieser biologistischen Argumentation bleibt trotzdem noch Raum für die Aussage:

„Die Gesellschaft sollte allen dazu fähigen Mitgliedern – Männern und Frauen – Arbeit geben, wenn sie sie brauchen."
(S. 106)

Die Arbeit soll jedoch nur den natürlichen Fähigkeiten entsprechend verteilt werden. Der Gleichheitsgrundsatz gilt nur im Hinblick auf die menschliche Gleichheit, die Entscheidungsfreiheit fordert; gleich sind nicht die Tätigkeitsfelder, diese müssen rollenspezifisch besetzt werden.

Der Verfasser des Grünen Buchs bleibt dem Widerspruch zwischen Tradition, männlichen Denkstrukturen und den heutigen Anforderungen des Arbeitsmarktes verhaftet. Das heißt, die Frau soll dem Staat das Bevölkerungswachstum durch viele Kinder sichern, sie soll die Kinder erziehen und zugleich dem Arbeitsmarkt zur Verfügung stehen.

4.2 Libyens traditionelle Sozialstruktur

Vorbemerkung

Im Gegensatz zu neuerer ethnologischer Literatur behalten wir Begriffe wie „tribalistisch“ oder „Stamm“ bei, obgleich wir uns deren negativer Konnotation bewußt sind. Aber erstens verwendet Gaddafi im Grünen Buch ebenfalls den Ausdruck „Stamm“ – zumindest in den jeweiligen Übersetzungen (dt., S. 82, engl., S. 81, frz., S. 72) – und zweitens arbeiten die AutorInnen der diesem Abschnitt zugrundeliegenden Fachbücher gleichermaßen damit. Wir verstehen „Stamm“ analog zu Gaddafi als „große Familie“ (G.B., S. 82), die eine „soziale(n) und physische(n) Einheit“ (G.B., S. 85) bildet.

Stammesbezüge

Stammeswesen und Islam bilden die Folie für die besondere Entwicklung der libyschen Gesellschaft und sind gerade für die Einschätzung des Wandels der Stellung der Frauen bedeutsam.

Es würde zu weit führen, sämtliche Charakteristika einer Stammesgesellschaft aufzuzeichnen, zumal auch erhebliche Unterschiede zwischen verschiedenen Stammesgruppen auf libyschem Gebiet existieren, daher beschränken wir uns auf das wesentlichste.

Bis in die Gegenwart hinein konstituieren stammesrechtliche Bezüge das Staatsgefüge, sie bilden für Gaddafi die ideologische und praktische Basis der Dritten Universaltheorie.

Libyens Fläche besteht zu 95% aus Wüste. Mittlerweile sind aufgrund der Siedlungsprogramme, der Modernisierungen der letzten Jahrzehnte und der zunehmenden Urbanisierungsrate nur noch 0,3% der Bevölkerung VollnomadInnen, 2,9% leben halbnomadisch (die Zahlen beziehen sich auf die Verhältnisse von 1978). Während im Westen noch eine Vielzahl berberischer Stämme und im Süden schwarzafrikanische Einflüsse aufzufinden sind, stellten arabisch-berberischen Stämme die Mehrheit der EinwohnerInnen, ethnisch gesehen.

Die meisten der heutigen NomadInnen sind Tuaregs und leben hauptsächlich im Westen Tripolitaniens in der Nähe von Ghat und Ghadames. Andere gehören zu den sich südlich von Gatroû, Taherhî und Kufra aufhaltenden Toubous.

Beduinische Stämme akzeptieren im Allgemeinen weder nationalstaatliche Zentralgewalten noch deren Grenzen und Verwaltungsstrukturen.

In Libyen zeichnen sich durchgängig die Staaten und Staatenbildungen seitens der Ottomanen, der Sanussiya und selbst die der italienischen Kolonialmacht durch Instabilität des inneren Aufbaus sowie Fehlen ei-

ner funktionierenden Bürokratie aus. Die Gründe der Respektlosigkeit der BeduinInnen dem Staat gegenüber liegen zunächst in den strikten, sich gegenseitig verpflichtenden Verwandtschaftsbezügen innerhalb der Stammesgruppen mit genau geregelter Hierarchie und Aufgabenteilungen, die sowohl Zusammenhalt als auch Kontinuität der Gemeinschaft gewährleistet. Auch das Wechselverhältnis von individueller Freiheit und kollektiver Verantwortlichkeit spielt eine erhebliche Rolle, was sich in der unabhängigen Lebensweise des Verbandes als Ganzes ausdrückt.
Hervorzuheben ist außerdem die geringe Ausbeutungsrate der Stämme durch äußere Machthaber; die Stammesverbände besitzen eine (relative) Autonomie über ihre Produktionsbereiche (diverse Formen der Landwirtschaft und Viehzucht) und den Verkauf der Überschußprodukte, so daß sie weder staatliche Verwaltungseinheiten noch deren Infrastrukturen benötigen. John Davis bezeichnet diese Ablehnung des Staates als „statelessness", die er bis in die heutige Zeit aufrechterhalten sieht und dafür folgende Erklärungen auflistet:
Die Ablehnung des Staates begründet sich auch darin,

– daß das Leben ohne Regierung noch nicht lange zurückliegt, wobei der Befreiungskampf gegen die italienische Kolonialmacht als ein Teil lebendiger Widerstandsgeschichte die Aversion gegen die Staatsgewalt verstärkt;
– daß die tribalistischen Bezugssysteme nie gänzlich zerstört wurden; selbst der Urbanisierungsschub seit der Erdölfunde vermochte dies nicht

Die momentane Politik kommt der Stammesvergangenheit und -gegenwart entgegen; Gaddafi stellt die DUT in diesen Zusammenhang und betont diese historische Verbundenheit in zahlreichen Ansprachen.

Davis wie Peters forschten bei Stämmen in der Region Cyrenaika und auch wenn sie zu verschiedenen Zeiten unterschiedliche Stammensgemeinschaften* besuchten, stellen beide Anthropologen vor allem die paternalistische Hierarchie heraus:

> *„Paternal authority was basic to Zuwaya image (...)."*
> (Davis, 1987, S. 205)
> *[„Männliche Entscheidungsgewalt ist die Grundlage der Zuwayas (...)"]*
>
> *„Ultimately, both sexes are under the authority of the head of a tent, a male, although a young woman*

* (Peters bezieht sich Ende der 40er Jahre auf Stämme der Saadi, während Davis von 1975-1979 beim Stamm der Zuwaya Informationen sammelte)

is effectively under her mother's authority."
(Peters, 1979, S. 319)

[„Beide Geschlechter müssen sich dem Oberhaupt unterordnen, ein Mann und auch eine junge Frau müssen sich an die mütterliche Autorität anpassen"]

Parallel zur gesellschaftsprägenden Altersstruktur existiert eine Geschlechtertrennung, die während der Zeit der Heiratsfähigkeit (mit Abschluß der Pubertät) bis zur Heirat völlig streng gehandhabt wird. Beide Geschlechter unterliegen in dieser Phase der familiären und gesellschaftlichen Kontrolle.

Anfangs wachsen die Kinder zusammen auf und haben auch gemeinsam Aufgaben zu erledigen. Die Erziehung obliegt allein der Mutter. Mit ca. sieben Jahren werden Mädchen wie Jungen in ihre jeweils verschiedenen Arbeitsbereiche eingeführt. Das Erreichen der Pubertät bedeutet für Mädchen den absoluten Bruch mit der Beteiligung am Leben mit Jungen; der Übergang in die weibliche Lebenssphäre, in die Aktivitäten innerhalb des Zeltes, wird vollzogen. Die Mädchen lernen Wollespinnen und Weben (Zeltbahnen, Teppiche), mahlen Mehl, kochen, melken die Tiere und sind für das Brennholz zuständig. Da Verschleierung bei Beduininnen nur situationsbedingt erforderlich ist, müssen Mädchen nur vor fremden Männern, d.h. nicht zur Verwandtschaft gehörenden, ihr Gesicht schützen. Wie verschieden die Geschlechtertrennung, Arbeitsteilung und Schleiersitten in beduinischen Stämmen sein können, zeigen die Ausführungen von Mona Fikry: Sie schreibt von der gemeinsamen Arbeit der Eheleute auf den Feldern, wobei die Frau unverschleiert bleibt und streicht die Freiheit der jungen Leute besonders heraus:

„Ce n`est que dans la vie bédouine que le jeunes pouvaient s`apprécier et s`aimer en se recontrant publiquement et en se chantant des poèmes et des chants d`amour."
(Fikry 1974, S. 104)

[„Nur im beduinischen Leben können die Jugendlichen sich schätzen und lieben (lernen), bei öffentlichen Treffen und beim gemeinsamen Singen von Gedichten und Liebesliedern."]

Wahrscheinlich handelt es sich in Fikrys Beispiel um Tuareg; denn bei diesen besitzt die Frau sogar eine gewisse sexuelle Freiheit, was sich beim „ahal" verdeutlicht. Dieses nächtliche Fest mit Musik und Poesie-Bereiche,

für die die Frauen zuständig sind – stellt für Frauen wie Männer die Möglichkeit dar, vor der Ehe (auch sexuelle) Kontakte zu knüpfen.
Die Arbeitskraft der Tochter wird nach dem Rückzug aus dem öffentlichen Leben so sehr benötigt, daß sie auch nach Erreichen der Heiratsfähigkeit (ca.15 Jahre) nicht sofort heiraten muß; die Heirat kann sich deswegen sogar verschieben – in diesem Falle wird die Tochter mit Geschenken von den Eltern entschädigt, denn Töchter wie Söhne haben ein Recht auf Verheiratung.
Im Gegensatz zu ihren Brüdern besitzen Mädchen alle Freiheiten, mit ihren Müttern über Beziehungen und die Heirat zu reden. Jungen Männern steht diese Möglichkeit nicht zu, weder zu Müttern noch zu Vätern.
Schwestern können über die Mütter als Mittlerin zwischen Brüdern und Vätern fungieren, um beispielsweise deren Heiratswünsche weiterzutragen.
Der soziale Status ändert sich mit der Heirat; zu den Erwachsenenpflichten kommen die entsprechenden Rechte hinzu, weswegen die Hochzeit als einschneidendes Erlebnis im Leben beider Geschlechter gesehen wird.
Diesem Fest gehen oft wochen- und monatelange Unterhandlungen und Formalitäten voraus. Heiratsallianzen bedeuten entweder die Verbindung zweier noch nicht verwandtschaftlich verbundener Familien oder die Festigung und Bekräftigung bereits bestehender Bezüge. In diesem Zusammenhang wird die Bedeutung des Brautpreises ersichtlich: Die Höhe des Brautpreises hängt von der zu knüpfenden sozialen Beziehung ab und spiegelt die politische Stellung der Familie der Frau wider.
Da die Eheschließungen zumeist patrilokal sind, die Frau also in die Familie ihres Mannes zieht, ist sie die Verbindungsperson zwischen den Familien und somit die Mittlerin eines Beziehungsgeflechts.
Der Brautvater erhält ein Viertel des Brautpreises, der Rest muß nicht unbedingt sofort ausgezahlt und kann als Schuld von der Frau bzw. ihrer Familie jederzeit eingefordert werden. So besitzt die Frau ein faktisches Machtmittel, welches sie vor allzu unbedachten Scheidungsvorhaben des Ehemannes schützt. Die zum Brautpreis gehörenden Güter wie Kleider, Haushaltsgegenstände, ein Teppich, eine Strohmatte als Nachtlager sowie ein Paar silberner Armreifen sind der erste Besitz im Leben der Frau, über den sie verfügen kann. Solange sie verheiratet bleibt, muß ihr der Ehemann die Konsumartikel des Brautpreises ständig erneuern.

Obwohl Beduininnen als Ehefrauen und Töchter von der Erbfolge ausgeschlossen sind (was wissentlich gegen Bestimmungen im Koran geschieht), vermögen sie dennoch ihren eigenen Besitz selber weiterzugeben.
Die Segregation der Geschlechter durchzieht auch nach der Heirat sämtliche Lebensbereiche: Arbeit, Erziehung der Kinder, Einnahme der Mahlzeiten,

der Aufenthaltsbereich im Zelt; selbst das nächtliche Beisammensein soll ausschließlich zwecks sexuellen Verkehrs stattfinden.
Die klare geschlechtliche Trennung der Arbeitsfelder bringt eine gegenseitige Abhängigkeit mit sich. Peters hebt hervor, daß die Arbeiten der Männer (Versorgung und Umherwandern mit den Tierherden, zweimal jährlich unter schweren Bedingungen innerhalb kürzester Zeit die Ernte einbringen etc.) als zu schwer für Frauen zu betrachten seien.
Männer- wie Frauenarbeitsbereiche (Produktion und Verarbeitung/Reproduktion) sind geachtet, haben ihren gesellschaftlichen Wert, woraus sich neben Pflichten Rechte ableiten lassen. So ist alles, was sich auf das Zelt bezieht, der Aufgabenbereich der Frau (Weben, Aufstellen, Reparaturen, Windschutz herstellen, für die Einrichtung sorgen etc.). Der verheirateten Frau steht ein Drittel des Zeltes als ihr Verfügungsraum zu; ihr obliegt die alleinige Kontrolle über die Aktivitäten im Frauenteil. Darüberhinaus besitzt sie ebenfalls Verfügungsgewalt über den Männerbereich (wo sich auch die eheliche Schlafstätte befindet), d.h. sie muß die Brüder des Mannes nicht hineinlassen, wenn sie nicht will. Der Ehemann besitzt derartige Rechte nicht, obgleich er offiziell als Haupt des Haushalts gilt.
Das Zelt bietet der Frau Schutz; sie kann jeder Zeit ein schützendes Dach verlangen und erhalten. Eine Witwe darf im Ehezelt wohnen bleiben; ein Witwer oder geschiedener Mann mit oder ohne Kinder ist gezwungen, sich eine andere Frau in das Zelt zu holen, da er es ansonsten aufgeben muß.
Für das Leben in der Wüste spielt der biologische Lebensrhythmus (Geburt und Tod) eine wichtige Rolle. Die Reproduktion (von Lebewesen) ist die Basis und der Beweis einer positiven Existenz; von daher haben Frauen in ihrer Funktion als (zukünftige) Mütter – besonders von Söhnen – eine außerordentlich geachtete Stellung in tribalistischen Gesellschaften. Im Übrigen wird im Islam grundlegender Respekt vor Müttern gefordert; es existiert beispielsweise eine hadith (ein Ausspruch Mohammeds), die aussagt, daß das Paradies unter den Füßen der Mütter sei.
Als Mütter und Ehefrauen können Frauen in der eingeheirateten Familie zugunsten ihrer Geburtsgruppe Einfluß nehmen und auch selbst wiederum Verbindungen forcieren. Heiratsallianzen werden häufig aus Sicherheitsgründen eingegangen, um Familien näher aneinander zu binden.
Je älter die Frauen werden, desto mehr lockern sich die Restriktionen in Bezug auf die Geschlechtersegregation; sie können freier mit Männern jeglichen Alters reden und bedecken ihr Gesicht seltener. Nun mischen sie sich auch in öffentliche Debatten ein, wobei ihnen andere Frauen den Rücken stärken. Souriau stellt dies auch in tripolitanischen Dörfern fest, wo (nicht nur) alte Frauen zu den Volksversammlungen eingeladen werden, jedoch kein Teilnahmerecht besitzen.

Peters stellt weiterhin heraus, daß in den meisten Lagern die Frau des Campscheichs selbst im Beziehungsgeflecht zwischen den weiblichen Bewohnerinnen eine hohe Funktion innehat, die sie beispielsweise befugt, bei Abwesenheit der Männer, Besucher zu begrüßen und für die Unterhaltung zu sorgen.
In Heiratsfragen bestimmen oft die Mütter die Modalitäten des Ehevertrages, z.B. die Höhe des Brautpreises; denn immerhin verhilft ein umfangreicher Brautpreis nicht selten zu einem hohen Status der Frau, der ihr wiederum wegen ihrer damit einhergehenden politischen Beziehungen evtl. später ermöglichen kann, „chief woman of the camp" (Peters, 1979, S. 322) zu werden.
Davis hebt zudem noch den Einfluß der Frauen auf Entscheidungen der Männer hervor:

> *„But the minimal point, that men did not act without taking women's opinions into account, surely holds for quarrels as much as it did for decisions about education, and for the nineteenth as much as the twentieth century."*
> (Davis, 1987, S. 193)
>
> *[„Der Minimalkonsens, daß Männer nicht ohne die Meinung der Frauen anzuhören handeln, bedingt sicherlich Unstimmigkeiten, wie bspw. in Erziehungsfragen, im 19. sowie im 20. Jahrhundert."]*

So sind es also Frauen, die als Mittlerinnen von Bezügen und Vermittlerinnen von Ehebündnissen verwandtschaftliche Fäden spinnen, die in politischer wie ökonomischer Hinsicht Bindungen auf wechselseitiger Basis zwischen einzelnen Stammesgruppen garantieren. Zusammenfassend zeigt sich, daß der öffentliche Raum Domäne der Männer ist und beduinische Frauen als bestimmende Subjekte von außen kaum wahrnehmbar sind.

Frauen bleiben im Allgemeinen von der Erbfolge ausgeschlossen. Patrilokalität bedeutet in jeder Gesellschaft einen erheblichen Nachteil für die Frau; sie muß sich in neuer Umgebung in einer fremden Familie zurechtfinden, was sich bei endogamen Verbindungen weniger als Problem darstellt. Sie wechselt von einer männlichen Autorität (Vater) zur anderen (Ehemann), wobei sie sich oft in der ehelichen Gemeinschaft gleichzeitig der Macht der Schwiegermutter als älterer Frau unterzuordnen hat.
Andererseits läßt sich feststellen, daß gerade aufgrund der räumlichen Geschlechtertrennung, innerhalb des Frauenbereichs auch ein Zusammenhalt von Frauen unterschiedlichen Alters entstehen kann. Die vielfältigen Auf-

gaben lassen sich gemeinsam bzw. arbeitsteilig erledigen. Zu berücksichtigen ist ebenso die Möglichkeit des emotionalen Rückhalts unter Frauen, von der starken Bindung zu den Kindern, besonders zu den männlichen Nachkommen, die von enormer Wichtigkeit für die gesamte Gesellschaft ist, einmal abgesehen.*

Souriau bezeichnet das weibliche Bezugssystem mit den drei Hauptelementen im Leben libyscher Frauen (Geschlechtertrennung, Mutterschaft, häusliche Arbeits-/Gemeinschaft), welche bis in die Gegenwart hinein die Lebensumstände bedingen, zusammengefaßt als „société féminine" – Frauengemeinschaft –. Diese stellt sie in Kontrast zur Gesellschaft der Männer, welche per definitionem davon ausgeschlossen sind.

Die festgelegten Geschlechterrollen garantieren das Funktionieren des Zusammenlebens. Dies birgt kollektive Vorteile, währenddessen die Freiheiten des Individuums zugunsten denen des Kollektivs zweitrangig bleiben.

Einflüsse der Stammesstrukturen auf das Grüne Buch

Gaddafi, selbst in der Wüste aufgewachsen, immer wieder seine Verbundenheit mit dem dortigen Leben betonend und vorzugsweise Presse im Zelt empfangend, hat einige seiner beduinischen Lebenserfahrungen in das Grüne Buch einfließen lassen. Viele Prinzipien, die seit der Revolution in Gesetzesform existieren, lehnen sich der tribalistischen Vergangenheit an.

Entscheidungsstrukturen auf Grundlage von Beschlüssen der Stammesgesellschaft (der Stamm hält die legislative Macht inne und bestimmt die Normen; der Stammeschef repräsentiert den gemeinsamen Willen und ist daher eher „der erste unter gleichen") spiegeln sich im Ideal der direkten Demokratie Gaddafis und im konzeptionellen Aufbau der Volkskomitees und Basisvolkskongresse wider.

Formen des Besitzes, dessen Verteilungssystem, welches Privateigentum (Zelt, Gebrauchsgegenstände) und Gemeineigentum (Ressourcen) trennt, finden ihre Entsprechungen im 2. Kapitel des Grünen Buches.

Besonders aber die gesellschaftliche Konzeption des Zusammenlebens innerhalb des Stammes findet darin ihren Platz.

Anhand der Kette Familie, Stamm, Nation betont Gaddafi die Priorität sozialer Strukturen, deren innere Stärke den Zusammenhalt von eher politischen Verbänden (z.B. Staat) garantieren. So wie Familie und Verwandtschaftsgefüge im Stammeswesen die notwendigen Grundeinheiten darstellen, die nicht allein die Reproduktion von Leben sichern, sondern auch für dessen Erziehung und Integrationsfähigkeit sorgen, bildet der Stamm als kollektives Ganzes wechselwirkend ein soziales Netz, dessen

* Zur Bedeutung und Ambivalenz der Mutter-Sohn-Beziehung im Maghreb s. Lacoste-Dujardin, 1987, S. 133ff.

Schutzfunktion wiederum der Familie das Bestehen ermöglicht. Gaddafi bezieht sich darauf, indem er schreibt:

> *„Der Einzelne verinnerlicht soziale Werte ausschließlich durch die Familie und den Stamm, die eine natürlich soziale Struktur bilden, (...).*
> *Der Schutz der Familie geschieht zum Nutzen des Individuums, ebenso wie der Schutz des Stammes im Interesse der Familie, des Individuums wie der Nation und des Nationalbewußtseins liegt."*
> (S. 91)

Die Verfassungsproklamation von 1969 verankert in Artikel 3 die Familie als „Basis der libyschen Gesellschaftsorganisation".
Die Familie ist die Sphäre der Frauen; alles, was in diesen Bereich fällt, gehört in die Frauengemeinschaft.
Frauen wie Männer besitzen als komplementäre Wesen aufgrund ihrer biologischen Funktion genau zugeschriebene Rollen und Aufgabengebiete, deren Überschreitung als widernatürlich betrachtet wird.

Im Grünen Buch läßt sich dazu folgendes lesen:

> *„Alle diese angeborenen Besonderheiten bilden Unterschiede zwischen Mann und Frau. Dieses sind Realitäten, die eine Unterscheidung zwischen männlichen und weiblichen Wesen notwendig machen, ihnen unterschiedliche Rollen und Funktionen im Leben zuweisen.*
> *Mann und Frau können bei der Erfüllung ihrer spezifischen Funktionen nicht ersetzt werden."*
> (S. 94f)

Innerhalb dieses abgesteckten Rahmens findet jede Frau sowohl in der Gemeinschaft der Frauen als auch im Stammesgefüge Zuspruch und Unterstützung.
Die entsprechende Passage lautet bei Gaddafi:

> *„Der Frau, der ihre Natur eine natürliche Rolle zugewiesen hat, die sich von der des Mannes unterscheidet, muß in angemessener Weise imstande sein, ihre natürliche Rolle zu erfüllen."*
> (S. 98)

Ein weiterer Punkt, der die Nähe von Gaddafis Prinzipien zu den Stammesgrundsätzen verdeutlicht, ist die Besitzzuschreibung des Hauses (Zeltes) an die Frau:

„Die Frau ist der Besitzer des Hauses, weil das eine der angemessenen und notwendigen Bedingungen für die Frau darstellt, die menstruiert, empfängt und sich der Pflege ihrer Kinder widmet. Die Frau ist der Eigentümer des Obdachs für die Mutterschaft, also des Hauses.“
(S. 101)

Das seit der Nationalisierung aller Wohnungen am 06.05.1978 in Artikel 1 garantierte Recht auf Besitz einer Wohnung gilt nicht für Einzelpersonen, sondern nur für Familien.
Das Führen eines Ein-Personen-Haushalts ist in Libyen – ähnlich wie in den anderen nordafrikanischen Staaten – quasi unmöglich; selbst Männer wohnen in den seltensten Fällen (eine Ausnahme bildet eventuell die Studienzeit) aufgrund der Stärke der Familienverbindung allein.

Islam im Kontext des Grünen Buches
Ein weiterer wichtiger Bezugsrahmen für das Leben in Libyen und für Gaddafis Grundsätze stellt das religiöse Erbe dar.
Wir können hier nicht auf die Bedeutung des Islams für die Stellung der Frauen in arabischen Gesellschaften eingehen und möchten auf die entsprechende Literatur von Autorinnen dieser Länder verweisen wie beispielsweise Fatima Mernissi, Sahar Khalifa, Naila Minai, Bouthaina Shabaan, um nur einige zu nennen.

Im Grünen Buch wird die Notwendigkeit einer Religion hervorgehoben, der Islam aber nicht explizit genannt, im Gegensatz zu der DUT, in der der Islam als die Staatsreligion direkt angesprochen wird. Gaddafis Aussagen und die Praxis im Land selbst, die den Islam betreffen, sind über die Jahre hinweg nicht immer widerspruchsfrei. Während einerseits der Islam als die universelle, internationale Freiheitsreligion gepriesen wird (Gaddafi: „Es ist die Religion der Volksmacht“), findet parallel dazu ein Prozeß der Säkularisierung statt. Ein Beispiel hierfür stellt die Einführung der islamischen Zeitrechnung dar; sie hat u.a. den Sinn, sich als muslimischer Staat zu kennzeichnen. Trotzdem werden politische Anlässe wie Jahresfeiern, aber auch Gehaltszahlungen sowie Schul- und Universitätszeiten weiterhin nach dem christlichen, gregorianischen Kalender, also in Sonnenmonaten, gezählt.
Insgesamt interpretiert Gaddafi den Islam als eine progressive, revolutionäre Religion, die historisch zu relativieren sei. Als arabische Religion besitze der Islam identitätsstiftende Funktion und sei damit für die kulturelle Einheit von großer Bedeutung. Für die Gesetzgebung heißt dies konkret,

daß mit der Gründung einer entsprechenden Kommission am 28.10.1971 die Gesetze an die Grundprinzipien des islamischen Rechts angeglichen werden. So wird die Gesetzgebung vollkommen revidiert; Gesetze, die auf Aussagen der malekitischen Schule des Islams basieren (die Mehrheit der LibyerInnen sind malekitische SunnitInnen), finden ihren Eingang. Gleichzeitig verläuft die Entmachtung der religiösen Autoritäten. Am 02.05.1975 werden alle Imame aufgefordert, im Rahmen einer „religiösen Revolution" sich ab diesem Zeitpunkt bei ihren Freitagsgebeten auf außerweltliche Inhalte zu beschränken; für politische, soziale und ökonomische Belange seien nicht die Moscheen, sondern die Volkskomitees und die Basisvolkskongresse die passenden Räume. Drei Jahre später (Mai/Juni 1978) finden Säuberungen in den Moscheen statt. Die Imame werden ihrer Ämter enthoben, religiöse Sender sowie die noch verbliebenen religiös-sozialen Zentren des Sufi-Ordens der Sanussiya werden geschlossen. Daraufhin tritt im August der Großmufti Az-Zawi zurück, da seiner Meinung nach die Politik nicht mehr mit den islamischen Grundsätzen übereinstimme.
Mit der „Proklamation der Volksmacht" in Sabha am 02.03.1977 gilt nur noch der Koran als Rechtsgrundlage; in Artikel 2 steht: „Der heilige Koran ist das Gesetz der Gesellschaft in der SLAVG (Sozialistische Libysch-Arabische Volksgamahiriya, d.V.)", damit werden sowohl die „sunna" und die „hadith", also die Gewohnheiten und Aussprüche (die Tradition) Mohammeds, als auch die „fiqh", die islamische Jurisprudenz, als zu ungesichert abgelehnt. Diese Quellen wurden nach Mohammeds Tod niedergeschrieben und widersprechen sich stellenweise. Badry nennt Gaddafis politische Umwertung des Islams, nur bestimmte Werte und Vorschriften zu übernehmen, eine Doppelstrategie; so werde die Solidarität der LibyerInnen mit der Revolution erhöht, was sich als innenpolitische Befriedung auswirke. Zudem zeige der religiöse Bezug, daß die DUT wirklich ein dritter, in der eigenen Kultur verhafteter Weg sei, was die Einflüsse von außen, und speziell die der westlichen Industrieländer, erschwere.
Badry schreibt in diesem Zusammenhang von „Scheinislamisierung" und führt aus:

> *„Die Konsequenz der Wiederbelebung des islamischen Gesetzes war tatsächlich eine Reduzierung des Einflusses der sari'a (das Religionsgesetz, d.V.) und ihre Modifizierung in den Bereichen, in denen sie noch angewendet worden war, (...). Den Islamisierungsgesetzen kann somit nur ein symbolischer Wert beigemessen werden, während sie nach außen hin*

als Beweis einer Rückkehr zum islamischen Erbe instrumentalisiert wurden.“
(Badry, 1986, S. 199)

Die im Grünen Buch postulierten „selbstverständliche(n) Tatsache(n), daß Mann und Frau als menschliche Wesen gleich sind“ (S. 92) und es „(h)insichtlich der Menschrechte (…) keinen Unterschied zwischen Mann und Frau „ gebe, „(a)ber in Bezug auf die Art ihrer Aufgaben (…) keine absolute Gleichheit“ (S. 107) bestehe, gehen mit einigen Aussagen des Koran konform. Dem lassen sich folgende Koranverse zuordnen:

„O ihr Menschen, fürchtet euren Herrn, der euch aus einem einzigen Wesen erschuf, aus ihm seine Gattin erschuf und aus ihnen viele Männer und Frauen entstehen und sich ausbreiten ließ. (...) (Sure 4,1)
Und wünscht euch nicht das, womit Gott die einen von euch vor den anderen bevorzugt hat. Die Männer erhalten einen Anteil von dem, was sie erworben haben, und die Frauen erhalten einen Anteil von dem, was sie erworben haben. (...) (Sure 4,32)
Die gläubigen Männer und Frauen sind untereinander Freunde. (...) Gott hat den gläubigen Männern und Frauen Gärten versprochen, unter denen Bäche fließen und in denen sie ewig weilen werden (...). (Sure 9,70f)
O ihr Menschen, Wir haben euch von einem männlichen und einem weiblichen Wesen erschaffen (...). (Sure 49,13)
Und von allem haben Wir ein Paar erschaffen, auf daß ihr es bedenket.” (Sure 51,49)
(Der Koran, 1987)

Schon vor dem Erscheinen des Grünen Buches wird dem Prinzip der Gleichheit in der Verfassungsproklamation von 1969 in Artikel 5 „Alle sind vor dem Gesetz gleich“, entsprochen. Weitere Regelungen, die die gleichen Rechte der Geschlechter garantieren, ihnen jedoch aufgrund der biologischen Differenz unterschiedliche Aufgaben und Pflichten zuschreiben, folgen 1970 mit dem Arbeitsgesetz.
Desweiteren spricht sich Gaddafi in zahlreichen Reden gegen die Doppelbelastung der Frau als Hausfrau/Mutter und Erwerbstätige aus.
Was Gaddafi unter freier Entscheidung bzgl. der Ehe und die Möglichkeit der Scheidung versteht, liest sich im Grünen Buch folgendermaßen:

„Keiner von ihnen (Frau und Mann. d.V.) kann den anderen gegen seinen oder ihren Willen heiraten, oder sich scheiden lassen ohne einen ordentlichen Prozeß. Weder Frau noch Mann können eine neue Ehe eingehen, ohne vorher zu einer Übereinkunft hinsichtlich der Scheidung gekommen zu sein."
(S. 100f)

Er selbst schränkt dies bereits in einem anderen Zusammenhang ein:

„Obwohl der Mann und die Frau das naturgegebene Recht der freien Partnerwahl haben, hat die Ehe nicht nur positive, sondern auch negative Einflüsse auf den gesellschaftlichen Faktor. Heirat innerhalb einer Gruppe stärkt deren Einheit und kollektives Wachstum in Übereinstimmung mit dem sozialen Faktor."
(S. 80)

Es existiert eine hadith, die den Eltern verbietet, ihre Kinder gegen deren Wunsch zu verheiraten.
Entsprechend sanktioniert das Gesetz vom 07.12.1972 die erzwungene Ehe sowie die von Minderjährigen, so daß die Frau gegen eine vom Vormund arrangierte Heirat gerichtlich vorgehen kann. Dasselbe Gesetz legt in Artikel 1 auch das gesetzliche Heiratsalter für Frauen auf 16 und für Männer auf 18 muslimische Jahre fest.* Dieses steht in Einklang mit der Sure 4,6, in der bestimmt wird, daß es ein heiratsfähiges Alter gibt.
Nachdem das Scheidungsgesetz von 1971 den Gebrauch der Scheidungsformel, welche dem Mann gemäß Sure 2,229 die Scheidung erlaubt, schon erschwert, wird dieses Vorrecht 1973 gesetzlich abgeschafft und gleichzeitig die richterliche Entscheidung eingeführt. 1983 tritt das an die DUT angelehnte Ehe- und Scheidungsrecht in Kraft: nun besitzt auch die Libyerin das Recht, die Scheidung zu beantragen. Ihr Unterhaltsanspruch (der auch mit einer Koransure belegt werden kann, s. Sure 2,223), sowie das Sorgerecht für die Kinder werden garantiert und der Besitz des Hauses zugesichert.
Was Polygynie** und Brautpreisregelungen betreffen, lassen sich im Grünen Buch eher indirekte Ablehnungen herausfiltern.

In einer extra hervorgehobenen Passage kritisiert Gaddafi die Betrachtung der Frau als bloßes Objekt:

---

* Diese Angaben entsprechen 15,5 bzw. 17,5 Jahren nach unserer Zeitrechnung (Badry, 1986, S. 212).

** Irreführenderweise wird eine Ehegemeinschaft, die aus einem Mann und zwei oder mehr Frauen besteht, zumeist als polygam bezeichnet. Polygamie jedoch heißt nur Viel- oder Mehrehe; ob eine Frau diverse Männer (Polyandrie) oder ein Mann mehrere Frauen heiratet (Polygynie), ist damit nicht ausgesagt.

„Heutzutage betrachten alle Gesellschaften die Frau mehr oder weniger als eine Ware. Der Orient sieht in ihr eine Ware, die man kauft und verkauft, während der Okzident ihre Weiblichkeit mißachtet.“
(S. 104)

Einer Meldung von Balta zufolge ließ der Revolutionsführer den Brautpreis auf 100 LD fixieren. Dies läßt sich als Zugeständnis an die religiösen Regeln interpretieren, da nach der in Libyen hauptsächlich vertretenen malekitischen Ausrichtung eine Heirat nur mit der Brautgabe Gültigkeit erlangt.
Der Koran läßt Polygynie nur unter genau definierten Umständen zu (S. Sure 4,3 u. 129). Gaddafi hat sich diesbezüglich häufig dagegen ausgesprochen, so beispielsweise am 03.07.1978 auf einem Kolloquium mit islamischen Theologen. Ein Polygynieverbot besteht bisher nicht, allerdings ist gesetzlich bestimmt, daß die erste Ehefrau der zweiten Heirat zustimmen muß.
Das im Grünen Buch formulierte Recht der Frau auf Besitz des Hauses „Die Frau ist der Eigentümer des Obdachs für die Mutterschaft, also des Hauses.“ (S. 101) kann ebenfalls mit einer entsprechenden Stelle (Sure 65,2) im Koran belegt werden.
Da der Koran wie andere Religionstexte ebenfalls interpretierbar ist, somit sowohl im progressiven als auch im orthodoxen Sinne ausgelegt wird, sind die Ansichten über die Rechtmäßigkeit der Islamexegese Gaddafis geteilt. Besonders die Punkte, die sich auf die Stellung der Frauen in der Gesellschaft beziehen, stellen ein Konfliktfeld dar.
Zur Anschauung seien hier nur zwei der gegensätzlichen Meinungen aufgeführt. Der Akademierat der „Liga der islamischen Welt“* lehnt auf seiner 3. Sitzung (09.-17.04.1980) einzelne Prinzipien des libyschen Revolutionsführers wie folgt ab:

„– Verbot der Polygamie
Die Ratsmitglieder waren sich darüber einig, daß jeder, der die Gesetzmäßigkeit der Mehrehe ablehne, ein Ungläubiger sei.
– Rechtliche Gleichstellung von Mann und Frau
Die den Menschen von Gott verliehene Natur lasse eine solche Gleichstellung nicht zu, die Forderung sei also nichtig.

* Die Weltliga wurde am 18.05.1962 in Mekka gegründet, um „(…) die Kooperation zwischen den islamischen Staaten auf den verschiedenen politischen, wirtschaftlichen und kulturellen Gebieten (zu, d.V.) organisieren (…)“ (zit. n. Schulze, 1990, S. 189f).

– Aufhebung der Verschleierung der Frau.
Diese Forderung widerspreche eindeutigen Geboten des Koran
– Die Sunna des Propheten ist keine Quelle des Rechts.
Die MFI (der Akademierat der Liga, d.V.) wies diese Forderung scharf zurück und erklärte sie für Unglauben(...).“
(zit. n. Schulze, 1990, S. 298f)

Zwei Jahre später verurteilt die Presse der Weltliga Gaddafi in einer Linie mit der israelischen Regierung als eine „Allianz des Unglaubens“.
Im Gegensatz stehen dazu die Forschungen von Sarwat Al-Assiouty. Er untersucht nacheinander die Bedingungen von Heirat (Heiratsalter, Vormundschaft, Freiheit der Entscheidung für Frau und Mann, Brautpreis, Polygynie) und das Recht der Frau auf das Haus im Koran sowie in Gaddafis Leitlinien bzw. in libyschen Gesetzen. Anschließend vergleicht Al-Assiouty die Ergebnisse und schlußfolgert, daß Gaddafis aufgestellten Prinzipien sehr wohl mit jeweiligen Passagen des Koran übereinstimmen.

4.3 Erziehung und Bildung

Bildungspolitik der Sanussiya-Monarchie

> *„During the Turkish Occupation, beginning in the sixteenth century, the Italien Colonisation in 1911, and the British and French Occupation, the female population remained uneducated, with an illiteracy rate of almost 100 per cent. The only exception were the few girls who received some rudimentary education from their fathers at home."*
> (Allaghi, o.J., S. 5)
>
> *[„Während der im 16. Jahrhundert beginnenden türkischen Besetzung, bei der italienischen Kolonisierung 1911 und bei der britischen und französischen Besetzung, blieb die weibliche Bevölkerung von Bildungsmaßnahmen ausgeschlossen. Eine Analphabetinnenquote von nahezu 100% war die Folge. Die einzige Ausnahme bildete der familiäre Unterricht: einige Väter unterrichteten ihre Töchter."]*

Während der italienischen Besatzung wagt es eine Libyerin, andere Frauen in Arabisch zu unterrichten; nach Jamila Ezmerli ist heute eine Mädchenschule benannt. Seit der Unabhängigkeit des Landes ist der Besuch der Grundschule obligatorisch; mit den Gesetzen von 1952 (Gesetz Nr. 5/1952) und 1956/57 (vom 05. und 22.12.1956; 03.06.1957) wird ein Schulsystem mit sechsjähriger Grundschule und zweistufigem Sekundarunterricht (zwei Jahre Aufbauschule und drei Jahre Mittelschule) festgelegt. Der Mittelstufe kann eine spezialisierte Ausbildung folgen. Diese Richtlinien bleiben aber mangels einer genügenden Anzahl von Schulen, dem Fehlen des Lehrpersonals und unzureichender Ausstattung der wenigen Bildungseinrichtungen praktisch undurchführbar.

Die Ölfunde in den 50er Jahren verschaffen Libyen erstmals die finanziellen Möglichkeiten zum Aufbau einer Bildungsinfrastruktur, um die, aufgrund der militärischen Verwaltung Englands und Frankreichs praktizierten verschiedenen Erziehungssysteme, entstandene Kulturkonfusion, welche sich allerdings nur auf wenige Einheimische auswirkte, aufzulösen.

Seit 1952 werden Frauen im „Women Teacher's Training Institute" ausgebildet.

Bildungsprogramme laufen unter den Stichworten Alphabetisierung und Arabisierung unter Berücksichtigung der islamischen Leitlinien. Diese Bemühungen bleiben punktuelle Investitionen ohne grundsätzliche Strukturverbesserungen; entsprechend gering ist die Erfolgsquote (s. Tabellen

1 und 2). Einzuräumen ist aber, daß mit dem Gesetz vom 28.04.1968 eine fünfzehnjährige Planungszeit für Alphabetisierungsprogramme vorgesehen wird. Ein Element der Bildungsstruktur stellen die „zâwiyas“ dar; diese religiösen und sozialen Zentren aus dem 19. Jahrhundert sollen zunehmend auch für Mädchenbildung bereitstehen und als Koranschulen, deren Ausbau ebenfalls forciert wird, fungieren. Inhaltlich lernen Mädchen dort dasselbe wie ihre Mitschüler.

In der Provinz Fezzan wird 1954 die erste Mädchenschule gegründet und innerhalb der nächsten zehn Jahre kommen nur zwölf weitere Grundschulen für Mädchen hinzu. Insgesamt werden dort 1.115 Mädchen unterrichtet. Im Vergleich dazu existieren 54 Jungengrundschulen mit 7.560 Schülern.

Ab 1957 werden Frauen zunehmend an einzelnen Fachbereichen der Universitäten zugelassen (1957 Literaturwissenschaft, 1959 Ökonomie, 1961 Naturwissenschaften, 1962 Recht, 1966 Agrarwissenschaft, 1967 Pädagogik). Mit dem Gesetz vom 28.04.1968 sollen sich auch weitere bildungspolitische Maßnahmen durchsetzen: Festlegung der Schulpflicht bis zum Ende der Grundschule, Nachholprogramme für AnalphabetInnen, worunter auch Personen zwischen 12-45 Jahren ohne Schulabschluß fallen, Einführung von jeweils dreijährigen Bildungsprogrammen für Aufbau- und weiterführenden Unterricht für beide Geschlechter, sowie spezielle Haushaltskurse für Mädchen. Insgesamt ist Bildung in allen Stufen kostenlos, die SchülerInnen erhalten Schulgeld, bei Internatsbesuchen Stipendien. Die Breisgauer Zeitung von 03/04.08.1968 berichtet von der Einrichtung einiger Internate für Nomaden im Fezzan und hebt besonders das Mädchenpensionat in der Oase Brak hervor, für dessen Besuch die Schülerinnen bzw. ihre Eltern täglich ein Entgeld im Wert von 40,- DM erhalten, sozusagen als Entschädigung für eine befürchtete Verwestlichung.

Außer an den Universitäten existiert keine Koedukation. Überhaupt werden in sämtlichen Aus-/Bildungsbereichen oder auch Vereinsaktivitäten (seit 1958 ist die Einrichtung von Pfadfinderinnenvereinen erlaubt – zehn Jahre darauf sind schon 1.400 Mädchen dabei) strikt getrennte Tätigkeitsfelder vorgesehen.

Als Gründe für Förderungsmaßnahmen lassen sich der wirtschaftliche wie soziale Bedarf an weiblichen Reserve-/ Arbeitskräften und die Sorge um nicht mehr zeitgemäß erziehende Mütter konstatieren. Die Investitionen in Mädchenbildung bedeuten Investitionen in eine kommende, den Ansprüchen des 20. Jahrhunderts entsprechend erzogene Generation, die zu einem moderneren industralisierten Libyen beitragen soll. Im Arbeitssektor ist vorgesehen, die zumeist ausländischen Arbeitnehmerinnen, welche vor allem im Erziehungs- und Pflegebereich tätig sind, durch einheimische Frauen zu ersetzen. Die Prämisse lautet, daß Frauen am effektivsten mit Frauen für Frauen arbeiten. Im Mittelpunkt der Bildungspolitik der Monarchie stehen also konkrete nationale Interessen, die einerseits die wirtschaftliche Einbeziehung der weiblichen Arbeitskraft, andererseits aber auch die Stärkung der traditionellen Rolle der Frau und Mutter in der islamischen Familie bedeuten. Dementsprechend sind in einem Bericht des Erziehungsministeriums Anfang der 60er Jahre die Ziele der Bildungskampagnen formuliert:

> *„Das Schulmädchen soll in den islamischen Religionsvorschriften unterwiesen und auf seine menschlichen Verpflichtungen hingewiesen werden, sodaß es später zusammen mit dem Mann die Probleme seiner Gemeinschaft lösen helfen und somit zum Fortschritt seines Volkes beitragen kann. (...) soll dem libyschen Schulmädchen die Liebe zu seiner Familie wie die Liebe zur Arbeit, sei es auf den Gebieten der Medizin, der Krankenpflege, der Sozialarbeit, der technischen Berufe, der Buchführung, oder auch als gute Mutter und tüchtige Hausfrau nahelegen."*
> (aus: Arabische Korrespondenz, Mai 1966, S. 4)

Bildungspolitik nach 1969
Leitlinien des Grünen Buches

Erziehung und Bildung sind zwei wesentliche Themen im Grünen Buch. Sie werden jeweils unter verschiedenen Punkten erwähnt; der Erziehung wird ein eigener Absatz gewidmet.
Die soziale Einheit Stamm biete dem Individuum eine vielschichtige Entwicklung und lasse sich daher als „gesellschaftliche Schule" sehen, in der das Individuum Verhaltensweisen für das soziale Leben erlerne; eine derartige Schulung entspräche den natürlichen Erfordernissen der Menschen. Darausfolgend führe formalisierte Erziehung nach Lehrplänen Frauen wie Männer von ihrer geschlechtsspezifischen Rolle ab:

> *„Erziehung, die zu einer Tätigkeit führt, die ihrer (der Frau. d.V.) Natur nicht angemessen ist, ist (...) ungerecht und grausam."*
> (S. 100)

Für die Erziehung bildet die Familie die kleinste Einheit, wobei besonders die Mutter eine hohe Verantwortung trägt:

„Da es von der Natur aus eine Hinwendung des Kindes zur Mutter gibt, ist sie die natürliche und geeignete Person, die dem Kind Schutz und Pflege angedeihen läßt."
(S. 97)

Fürsorgeeinrichtungen seien daher konsequenterweise abzulehnen. Gaddafi vergleicht derartige gesellschaftliche Institutionen mit Hühnerfarmen; beides hemme „das freie gesunde Wachstum" (S. 97), trotzdem wären Waisen in sozialen Einrichtungen besser aufgehoben als bei Personen, die nicht die leiblichen Eltern sind. Im Absatz „Erziehung" streicht Gaddafi noch einmal die Bedeutung des freien Lernens heraus: Die Unterrichtsart („zwischen Bankreihen sitzend", S. 109) sowie „vorgefertigter Lernstoff" in „starren Lehrplänen" entsprechen nicht der „Fähigkeit der Menschen, Anschauungen selbst zu entwickeln und sich selbst zu verwirklichen" (S. 110), zumal „Wissen (…) ein natürliches Recht jedes Menschen" (S. 111) sei.
Um die dargestellten Prinzipien einordnen zu können, sei hier auf den ideengeschichtlichen Hintergrund des Grünen Buches hingewiesen: Wie in 4.2 bereits ausgeführt, stellen die autochthonen Quellen Stammeswesen und Islam ein wichtiges Bezugssystem für Gaddafi dar. Dieses erklärt seine biologistische Sichtweise der Aufgabenverteilung in der Erziehung, ist jedoch keine Rechtfertigung.

In Bezug auf die abgelehnten Fürsorgeeinrichtungen läßt sich sagen, daß in einer Gesellschaft mit traditionell unabhängiger Selbstversorgung u.a. aufgrund karger Ressourcen, die Mutter-Kind-Beziehung eine Basiseinheit bedeutet und der Ersatz einer Mutter schwierig ist.
Diese Einstellung hat zur Folge, daß Krippenerziehung als unnatürlich betrachtet wird. Dennoch gibt es Zugeständnisse an die Realität, die sich wegen der Modernisierungen (z.B. Babyfertignahrung) und des Bedarfs an erwerbstätigen Frauen ergeben. So sind Betriebe mit über 50 weiblichen Beschäftigten verpflichtet, Betriebskrabbelstuben einzurichten.
Erziehung von Kindern, welche nicht zur Verwandtschaft gehören und Adoptionen selbst sind nach Maßstäben des Koran im Prinzip nicht erlaubt, bzw. lassen im Einzelfall keine Verwandtschaftsbeziehung folgen.
Trotz der Ablehnung institutioneller Lern- und Lebensformen werden immer mehr Schulen errichtet. Auch die immer häufiger errichteten Altersheime entsprechen nicht der Ideologie. Hier wird der Weg in die kapitalistische Industrialisierung offenbart, die ohne diese Einrichtungen nicht profitorientiert arbeiten könnte.

Bildungswesen

Zwei Faktoren bestimmen das Bildungswesen in Libyen: Da ist einerseits die als Folge der wenig greifenden Bildungspolitik vor 1969, sehr hohe AnalphabetInnenrate, andererseits die Tatsache, daß 1992 50% der LibyerInnen unter 15 Jahren alt sind. Der Anteil der Mädchen/Frauen unter 15 Jahre beträgt 1990 47%.
Den Bildungsintentionen der Monarchie ähnlich, aber mit wesentlich mehr Erfolg (s. Tabellen Nr.1 u.2), wird in Alphabetisierungs- und Schulungsprogrammen eine Zukunftsinvestition gesehen. Souriau schreibt, daß im Zeitraum von 1969-1982 die Anzahl der Personen, welche sich an Bildungsmaßnahmen beteiligten von 382.200 auf 1.084.900 erhöhte, sich damit innerhalb von zwölf Jahren quasi verdreifachte und etwa ein Drittel der derzeitigen Gesamtbevölkerung umfaßt. Als einen Pfeiler dieser Entwicklung läßt sich der ab 1972 laufende 20-Jahresplan gegen das AnalphabetInnentum betrachten. Zudem wird mit Artikel 14 der Verfassungsproklamation von 1969 ausdrücklich festgeschrieben, daß „Bildung (...) Recht aller Libyer und Libyerinnen" sei, was mit Punkt 15 der „Großen Grünen Deklaration der Menschenrechte (...)" im Juni 1988 ein weiteres Mal bekräftigt wird:

> *„15. Studium und Bildung ist ein natürliches Recht eines jeden Menschen. Jeder ist berechtigt, die ihm besonders naheliegende Art des Studiums ohne jeden Zwang oder Zwangsorientierung zu wählen."*
> (Große Grüne Deklaration der Menschenrechte (...), 1988)

Die folgenden Zahlen verdeutlichen den kontinuierlichen Rückgang der AnalphabetInnen und zeigen damit zugleich einen gewissen Erfolg der Bildungskampagnen.

TABELLE 1:
RATE DER ANALPHABETISCHEN BEVÖLKERUNG

Jahr	Analphabet. gesamt	davon Frauen gesamt	%
1964	882.100 (1)	517.500 (1)	58,7
1973	710.400 (1)	454.600 (1)	64,0
1977	549.000 (2)	267.000 (2)	48,6

Quellen: (1) StBA, 1989, S. 27; (2) Souriau, 1982, S. 65

1964 sind 517.500 Frauen Analphabetinnen, das sind überdurchschnittlich 58,7% aller AnalphabetInnen (laut Definition Personen ab sechs Jahren). Die Proportion wird noch deutlicher, wenn berücksichtigt wird, daß im Libyen der 60er Jahre Frauen nur 48% der registrierten Bevölkerung stellen, wobei ihr Anteil in den 80er Jahren noch weiter sinkt und 1984 46,4% beträgt. Es läßt sich mutmaßen, daß Frauen im Prinzip seltener amtlich gemeldet sind als Männer.

1973 stellen Frauen mit 454.600 Analphabetinnen 64% der nichtschreibekundigen Bevölkerung. Diese Angabe relativiert sich im Vergleich zur Rate von 1964 infolge der Tatsache, daß unter dieser Zahl sämtliche Personen die älter als zehn Jahre sind, gezählt werden. In beiden Jahren fallen Lesekundige unter die AnalphabetInnendefinition, was für 1977, entgegen der üblichen Defintion, nicht mehr gilt. 1977 entspricht der Analphabetinnenanteil mit 48,6% (267.000 Frauen) in etwa ihrer Bevölkerungsquote. Wenn nun trotz des Wissens, daß die jeweiligen Zahlen eigentlich nur Näherungswerte sind, die zudem auch in der Definition differieren, diese in Korrelation gestellt werden, so ist zu konstatieren, daß im Zeitraum von 1964-1973 die AnalphabetInnenrate gesamt um 19,5% sinkt, während sich die der Frauen nur um 12,2% verringert. Frauen haben also weniger von den Alphabetisierungsprogrammen profitiert als Männer.

Im Zeitraum 1973-1977 reduziert sich das AnalphabetInnentum um 22,7%, das der Frauen um 41,3%. Demzufolge nehmen Frauen verstärkt in den 70er Jahren an Maßnahmen teil; mit dem eindeutigen Resultat, daß ihre Quote sich vergleichweise schneller verringern kann. So ist anzunehmen, daß dies hauptsächlich die Folge der von der revolutionären Regierung initiierten Bildungskampagnen und institutionellen Voraussetzungen ist. Durch vermehrte Schulgründungen wird eine landesweite Infrastruktur aufgebaut (s. Tabelle 3). Mobile Schulen für die nomadische Bevölkerung sowie Unterricht per Fernsehübertragung erreichen auch weitab gelegene Gegenden.

Im Rahmen des 20-Jahresplanes werden landesweit und in erster Linie für Frauen insgesamt 350 „Zentren für Erwachsenenalphabetisierung und Unterricht“ eingerichtet. Diese Einrichtungen entstehen in Zusammenarbeit der Frauenvereinigungen mit dem Nationalen Bildungssekretariat, den Zentren der ländlichen Bildung sowie Alphabetisierungskomitees und den Massenmedien.

Das Schulsystem besteht aus Grundschule (sechs Jahre), je dreijähriger Aufbauschule und Oberstufe: die Aufbauschule oder Unterstufe bereitet sowohl auf die höhere Stufe als auch auf die Berufsschule vor, in allen Schulstufen soll koedukativ unterrichtet werden. Seit dem 09.10.1975 erweitert ein Gesetz die zuvor sechsjährige Schulpflicht um drei Jahre, was

erst zehn Jahre später realisiert wird. Auf Einschulungsverweigerungen können Sanktionen bis zur Gefängnisstrafe folgen. Von einigen Ausnahmen, Koranschulen und einige vor allem ausländische Privatschulen* wie beispielsweise die Deutsche Schule in Tripolis**, abgesehen, sind die Schulen staatlich und der Besuch kostenlos. Den SchülerInnen werden Zuschüsse gewährt und bei Bedarf Unterkünfte zur Verfügung gestellt.
StudentInnen erhalten 30 Libysche Dinar (LD) monatlich, Wohnung und Gesundheitsfürsorge sind gratis. Die benötigten Studienmaterialien bekommen sie für 40% des Normalpreises. Die Studienfächer werden nach Zeugnisnoten vergeben, obwohl dies gegen die im Grünen Buch (S. 110f) und der Großen Deklaration der Menschenrechte von 1988 in Punkt 15 postulierte freie Fächerwahl spricht. Wer trotzdem etwas anderes studieren will, muß seit 1986 infolge der sinkenden Erdöleinnahmen verordneten Sparpolitik jährlich 250 LD entrichten. Auslandsstudien finanziert der Staat; die StipendiatInnen müssen sich jedoch Kontrollen und Orientierungsvorgaben unterwerfen, um zu gewährleisten, daß sie ihren nationalen Pflichten als LibyerInnen genüge tun. Frauen ist das Studium im Ausland aufgrund gesellschaftlicher Tabus und gesetzlicher Regelungen fast gänzlich verwehrt, da sie beim Reisen eine Begleitperson aus dem familiären Kreis benötigen. So steht ihnen nur in besonderen Fällen ein Auslandsstudium offen, beispielsweise als studierende Ehefrau eines ins Ausland geschickten Studenten.
Dem Ausbau des beruflichen Bildungsbereichs kommt seit Mitte der 70er Jahre eine besondere Bedeutung zu; die Anzahl der Schulen dieses Sektors verachtfachte sich fast von 1974/75 bis 1982/83 von 10 auf 78 (s. Tabelle 3). Vorrangiges Ziel ist, die gewerblich-technische Ausbildung zu erweitern, um den Mangel an qualifizierten Fachkräften zu beheben. Planvorgaben wie beispielsweise der 5-Jahresbildungsplan (1976-1982) sollen die Orientierungsmöglichkeiten der SchulabgängerInnen steuern, was letztendlich für Mädchen bedeutet, sich eher auf die sogenannten Frauenberufe zu spezialisieren wie z.B. auf den Beruf der Lehrerin.

* Seit 1986 dürfen ausländische Schulen keine Kinder mit libyscher, bzw. arabischer Staatsangehörigkeit unterrichten; darunter fallen auch Kinder aus binationalen Ehen, wenn ein Elternteil LibyerIn ist.

** Diese Schule wird vom Deutschen Schulverein getragen und bietet eine zehnjährige Schulzeit; das jährliche Schulgeld beläuft sich seit 1986 auf 5.917 DM für das erste Kind.

LehrerInnenausbildung

Das Lehramt war und ist auch in islamisch geprägten Ländern z.T. bis heute der einzig anerkannte Frauenberuf.
Aufgrund der steigenden SchülerInnenzahlen muß der Lehrpersonalbestand erheblich wachsen; zudem sollen libysche Lehrerinnen die ausländischen ersetzen, was oft deren Entlassung bedeutet.
Insgesamt gesehen soll der Sektor feminisiert werden, da davon ausgegangen wird, daß Frauen besser mit Kindern umzugehen wissen. Darüberhinaus könnten die Männer in anderen Berufen eingesetzt werden. 1983 fordert Gaddafi, die ersten Jahre der Grundschule abzuschaffen, um die Bildung der Kinder den eigenen Müttern zu überlassen. Dieses aus Spargründen formulierte Vorhaben lehnt die AVK mit der Begründung ab, daß die Analphabetinnenquote unter den Müttern zu hoch sei. Nach dem 5-Jahresplan soll sich die Zulassungsquote an den pädagogischen Hochschulen für Männer verringern, obwohl schon längst mehr weibliche Lehrkräfte, zumindest für Grund- und Aufbauschulen, ausgebildet werden; ein Beispiel von 1977:

> *„Teacher`s training colleges have also limited the enrollment of male students to 1.000 and increased the enrollment of female students to 2.500 in order to (...) give them more opportunities in those fields where the government feds these is a greater need for their services."*
> (Deeb/Deeb, 1982, S. 65)
>
> *[„Ausbildungszentren für das Lehramt reduzierten die Einschreibungsrate für Studenten auf 1000, während die Einschreibungsrate für Studentinnen auf insgesamt 2500 erhöht wurde, um den Frauen mehr Möglichkeiten zu geben, in den von der Regierung offerierten Arbeitsplätzen Arbeit finden zu können."]*

Zum Vergleich die Zahlen von 1978/79: An 92 Lehrstätten werden in 970 Klassen für den Grundschulunterricht (zweijährige Ausbildung) 10.500 Frauen, das entspricht 76,9%, und 3.160 Männer ausgebildet; für die 4-5jährige LehrerInnenausbildung an Aufbauschulen sind 8.790 Frauen und 6.225 Männer eingeschrieben; der Teilnehmerinnenanteil liegt hier bei 58,4%. Die ausbildenden Lehrerinnen machen übrigens 20% des Personals aus (554 Frauen/1.656 Männer), wobei es sich nicht um Libyerinnen handeln muß.

Ausbildung im medizinischen Bereich

Pflegerische Tätigkeiten sind in Libyen, gerade auch für einheimische Frauen, nicht sehr angesehene Berufe. Ruth Woodsmall stellt dies schon für die 30er Jahre im ganzen islamischen Raum fest.

> *„In bezug auf (...) Gebiete des Gesundheitsdienstes, wie Krankenpflege und Hebammenberuf besteht ein deutliches Vorurteil. Hier wirkt hauptsächlich das soziale Brandmal (...) abschreckend. Beide Berufe werden als sozial und moralisch sehr niedrig stehend angesehen.“*
> (Woodsmall, 1938, S. 301)

Entsprechend gering ist die Anzahl der Libyerinnen in diesem Berufsfeld; traditionellerweise pflegen Frauen ausschließlich Frauen. Souriau verdeutlicht dies für 1977: In diesem Jahr ist der Bedarf an krankenpflegerischem Personal nur zu 20% gedeckt, wobei davon ausgegangen werden kann, daß ausländische Arbeitskräfte den größten Anteil der PflegerInnen stellen. Um die Ausbildungsrate zu steigern und gleichzeitig das Prestige des Berufzweigs aufzuwerten, richtet der Staat bis 1977 insgesamt neun Ausbildungsinstitute für Krankenschwestern und -pfleger ein, von denen sechs für Frauen reserviert sind. Der dreijährige Unterricht wird mit 15 LD monatlich entlohnt; KrankenpflegehelferInnen, welche sich dort weiterqualifizieren, erhalten 90 LD im Monat. Der Anteil der Libyerinnen, welche sich anschließend noch weiter auf Fachgebiete spezialisieren, beläuft sich auf 9,1% der auszubildenden Frauen überhaupt. Bei der Ausbildung von Krankenpflegehelferinnen an den 22 Schulen landesweit liegt das Zahlenverhältnis anders: Hier läßt sich ein Anteil von 56,5% (2.699 Libyerinnen) gemessen an der Gesamtzahl (Frauen und Männer) konstatieren.
An den Universitäten Tripolis und Benghazi liegt die Studentinnenrate 1977 für beide Städte zusammengefaßt bei 14% in der medizinischen, 26% in der zahnmedizinischen und 34% in der pharmazeutischen Ausbildung.

Ausbildung im Dienstleistungsbereich

Dieser Ausbildungssektor läßt sich in den pädagogischen Dienst und den Verwaltungsdienst aufteilen. In beiden Bereichen erhalten die SchülerInnen Stipendien. 1976/77 studieren an der pädagogischen Fakultät der Universität Tripolis 75 Frauen (26,5%); unter den Diplomierten dieses Jahres befinden sich neun Frauen (15%). An einem anderen Institut der Stadt, welches ausschließlich Frauen aufnimmt, erhalten 1977 90 Frauen

das Diplom, während die noch laufenden Klassen insgesamt 103 Schülerinnen zählen.
Die Integration von Frauen im öffentlichen und privaten Verwaltungsdienst ist schwer umsetzbar, da in diesem Sektor nicht geschlechtergetrennt gearbeitet wird und deswegen keinen guten Ruf für Frauen besitzt. Mit Lehrgängen sollen Frauen mehr Anreize für die Entscheidung zugunsten dieses Berufzweigs und auch eine solide Ausbildungsgrundlage geboten werden. So organisiert 1977 das „Nationale Institut für Administration" in Kooperation u.a. mit Volkskomitees und Frauenvereinigungen landesweit 40 Lehrgänge. Innerhalb von sechs und neun Monaten werden Kurse verschiedener Ausbildungsgrade in Arabisch, Schreibmaschine, Buchführung, Staatsbürgerkunde sowie im neunmonatigen Lehrgang auch in Englisch abgehalten. Im Zeitraum 1972-77 haben 1.551 Teilmehmerinnen die Prüfung bestanden; 1977 waren 3.185 Frauen in der Ausbildung und konnten die monatlichen 50 LD entgegennehmen.

Statistiken über die Zahlen der Schülerinnen und Studentinnen und über die Anzahl der Bildungseinrichtungen

Mit der tabellarischen Zusammenstellung bezwecken wir, neben der erhofften besseren Übersichtlichkeit, aufzuzeigen, inwieweit sich die seit der Revolution forcierten Strukturverbesserungen im Bildungsbereich auf die weibliche Bevölkerung auswirken. Vor der eigentlichen Tabelleninterpretation geben wir zu bedenken, daß statistische Angaben immer mit Vorsicht zu betrachten sind. Die folgenden Daten können nur Entwicklungstendenzen der libyschen Bildungspolitik vor und nach 1969 widerspiegeln, zudem der Zeitraum mit einer Spanne von 17 und in Einzelfällen von 20 Jahren ebenfalls begrenzt bleibt. Diese Beschränkung resultiert aus dem Fehlen aktuellerer Zahlen.

Von dem uns vorliegenden Material bevorzugen wir bei allzu gravierenden Differenzen zwischen einigen Daten diejenigen, welche uns realistischer erscheinen. Um dies einschätzen zu können, wurden die verwendeten Zahlen vorab gegenseitig abgeglichen. Auf die Darstellung sämtlicher Daten verzichten wir zugunsten eines besseren Überblicks.

Daten ohne nachgestellten Quellennachweis – das betrifft fast alle relativen Zahlen –, sind eigene Berechnungen, die wir anhand weiterer Angaben, die die jeweiligen Quellen erwähnen, erstellten. Mit Ausnahme der Daten für Berufsschulen und Universitäten liegen aktuellere Zahlen unserer Recher-

TABELLE 2:
ENTWICKLUNG DES SCHÜLERINNEN- UND STUDENTINNENANTEILS**)

Jahr	Grundschulen ges.	%	Aufbauschulen ges.	%	mittl./höh. Schulen ges.	%	Berufsschulen ges.	%	Päd. Institute ges.	%	Universitäten ges.	%
1964/65	39547 (1)	23,2	368 (1)	9,8	186 (8)	7,7						
1965/66	32898 (7)	19,4	1503 (7)	8,5	368 (7)						154 (9)	8,0
1966/67	53189 (8)	22,0(1)	1612 (8)	8,6	438 (8)	10,1						
1967/68	62851 (8)	29,1	1945 (8)	8,8	496 (8)	10,3					219 (4)	9,44
1968/69	75081 (8)	30,2	12137 (8)	8,1	944 (8)	13,1	251 (5)	9,0			330 (6)	11,0
1969/70	**87537 (1)**	**32,4**			**3544 (8)**	**12,1**	**2475 (8)**	**18,4**				
1970/71	107047 (7)	34,4	5707 (7)	15,7	1071 (7)	12,9					294 (7)	8,7
1971/72	128709 (7)	37,0	6554 (7)	17,7	1258 (7)	15,2					386 (7)	8,8
1972/73	159566 (7)	39,4	9055 (7)	20,9	1574 (7)	16,7					496 (7)	8,3
1973/74	190235 (7)	42,1	12728 (7)	23,3	1990 (7)	18,2					719 (7)	10,4
1974/75	237100 (2)	45,4	25700 (2)	28,2	3000 (2)	20,0			11000 (2)	56,0	1900 (2)	15,8
1975/76	242312 (6)	45,0	25401 (8)	28,1	3981 (8)	22,3					1892 (6)	15,7(6)
1976/77	252130 (8)	46,1	39088 (8)	32,1	4807 (8)	23,4	539 (5)	9,1			3007 (9)	18,5
1977/78	270300 (2)	47,1	65400 (2)	40,0	5300 (2)	23,5	800 (2)	12,7	15000 (2)	62,0	2900 (2)	19,3
1978/79	284900 (2)	47,4	76500 (2)	40,0	6400 (2)	23,7	1100 (2)	10,7	19200 (2)	65,7	3300 (2)	22,2
1979/80	309200 (2)	47,1	89000 (2)	40,6	10100 (2)	26,4	1000 (2)	11,2	20700 (3)	66,4	4300 (2)	24,7
1980/81	318500 (3)	47,2	90700 (3)	40,7	14900 (3)	30,2	2800 (3)	20,3	18300 (3)	65,8	4100 (3)	21,2
1981/82							5300 (5)	31,0			6100 (3)	25,6
1982/83							6017 (7)*)	8,5*)			7000 (3)	25,5

Quellen:

(1) Fikry,1974; (3) StBA, 1989; (5) Souriau, 1982;
(7) Souriau,1986; (9) Mattes, 1982; (2) StBA, 1984;
(4) Souriau,1969; (6) Souriau, 1977; (8) Deeb/Deeb,1982

*) Die Zahlen beziehen sich auf 1983/84

**) Um eine Einordnung der Zahlen zu ermöglichen, sei darauf hingesiewesen, daß in Libyen weniger Frauen als Männer leben: 1964 und 1969 beträgt ihr Anteil 48% der Bevölkerung (Fikry, 1974 u. Souriau, 1982);1984 beläuft sich die Anzahl auf 46,4% und 1990 auf 47,6% (StBA, 1989).

che nach bisher nicht vor. Wir weisen darauf hin, daß das Material nicht zwischen In- und Ausländerinnen differenziert. In der Tabelle finden ausschließlich staatliche Schulen Berücksichtigung; private Bildungseinrichtungen, wie Koranschulen, bleiben aufgrund ihrer zu vernachlässigenden SchülerInnenzahlen ungenannt. Es läßt sich feststellen, daß die relativen Schülerinnenanteile der jeweiligen Bildungsstufen denen der staatlichen Schulen entsprechen.
Die nachgefügte Tabelle über die Anzahl der Bildungseinrichtungen soll veranschaulichen, wie sich die Schulinfrastruktur entwickelt hat. Dies ist bei der Interpretation des Anteils der Mädchen und Frauen an den Schulen wichtig, da die Entwicklung der Schülerinnen- und Studentinnenzahlen einerseits und der Kapazitätenausbau andererseits zusammenhängen. Deswegen wird die folgende Auflistung nicht einzeln erläutert, sondern nur im Verhältnis zu Tabelle 2 herangezogen.

TABELLE 3:
ANZAHL DER BILDUNGSEINRICHTUNGEN

Jahr	Grund-schulen	Aufbau-schulen	Ober-stufe	Berufs-schulen	Päd. Institute
1964	689	104	15	—	—
1965	747	107	18	—	—
1966	775	115	18	—	—
1967	915	125	21	—	—
1968	953	140	23	—	—
1969	1069	144	25	—	—
1970	1224	172	30	—	—
1971	1311	185	30	—	—
1972	1397	198	36	—	—
1973	1686	230	44	—	—
1974	1807	366	61	10	90
1975	1906	420	68	—	—
1976	2002	498	71	—	—
1977	2143	735	83	18	88
1978	2150	778	83	31	94
1979	2539	1025	131	27	102
1980	2594	1135	160	58	104
1981	2679	1240	189	72	106
1982	2744	1350	205	78	117

(Quellen: 1964-1978 Grund-, Aufbauschulen u. Oberstufe Ministry (now Secretary) of Teaching and Education, o.J.; 1974-1980 Päd. Institute, Berufsschulen (ohne 1980) StBA, 1984; ab 1979 bzw. 1981 StBA, 1989)

Grundschulen

Der Schülerinnenanteil steigt innerhalb der 17 Jahre kontinuierlich; die Gesamtzahl verachtfacht sich vom Schuljahr 1964/65 (39.547) bis 1980/81 (318.500), der relative Anteil der Grundschülerinnen verdoppelt sich. Einzige Ausnahme bildet die Verringerung der Anzahl der Mädchen um ca. 7.000 im Jahr 1964/65 zu 1965/66, was jedoch an der unterschiedlichen Erfassung liegen könnte. Die relative Zahl sinkt ebenfalls ca. um 4% von 23,2% auf 19,4%. Auffallend ist der quantitative Sprung in den folgenden Jahren: Vom Schuljahr 1965/66 zu 1966/67 registrieren die Elementarschulen gleich 20.291 mehr Schülerinnen, ihr relativer Anteil klettert von 22% auf 29,1%. Zurückzuführen ist das auf die in diesen Jahren unternommenen Einschulungskampagnen, in deren Rahmen auch die Kapazitätserweiterungen an Grundschulen zu sehen sind. So zeichnet sich eine konstante Steigerung der absoluten wie auch der relativen Zahlen ab, bis sich der prozentuale Anteil der Schülerinnen Ende der 70er Jahre auf 47% einpendelt, was auch ungefähr dem Frauenanteil an der Gesamtbevölkerung entspricht. Absolut steigert sich die Schülerinnenzahl infolge der ebenfalls wachsenden Bevölkerungszahl.

Aufbauschulen

Besitzen 1964/65 nur 368 Mädchen Voraussetzung und Möglichkeit, eine Aufbauschule zu besuchen, sind es 17 Jahre später bereits 90.700 – die Zahl vervielfachte sich um 246,5. Zweifellos ein Resultat der zunehmenden Schulpflichtdurchsetzung und damit der gestiegenen Zahl an Grundschulabsolventinnen. Ihnen stehen Mitte der 70er Jahre erheblich mehr Schulen zur Verfügung, was die Verdoppelung der Schülerinnenzahl von 1973/74 (12.728) auf 1974/75 (257.009) erklärt. Der prozentuale Anteil erhöht sich in dieser Zeit nur um ca. 5% von 23,3% auf 28,2%. Gleiche Zusammenhänge gelten auch für die enormen Sprünge der folgenden Jahre, wobei besonders die Zuwachsrate von 1976/77 (39.088) auf 1977/78 (65.400) auffällt. Innerhalb eines Jahres registrieren die Aufbauschulen 26.312 Schülerinnen mehr, die relative Zahl steigt um ca. 5% was auf die verstärkten Schulgründungen einerseits, auf die 1975 gesetzlich verankerte, um drei Jahre erweiterte, neunjährige Schulpflicht, die sich aber verzögert durchsetzt, andererseits zurückzuführen ist. Dagegen fallen die Zunahmen der weiteren Jahre wieder relativ gering aus; es handelt sich um 11.100 (1978/79) bzw. um 12.500 (1978/80) Schülerinnen mehr, relativ wächst der Anteil auf ca. 40%, was aber deutlich unter der Rate der zu dieser Zeit registrierten Grundschülerinnen bleibt.

Schon hier läßt sich das Problem der Koedukation erkennen. Viele in Tradition verhaftete Familien dulden keine gemischtgeschlechtlichen Schulen, und Mädchenschulen sind besonders auf dem Land selten.

Mittlere und höhere Schulen (Oberstufe)

Die mittleren und höheren Schulen, im Folgenden vereinfacht Oberstufe genannt, fallen nicht unter die neunjährige Schulpflicht und haben im Vergleich zu den beiden vorherigen Schulstufen bedeutend geringere Schülerinnenzahlen. Allerdings ist auch hier ein kontinuierliches Anwachsen der Beteiligungsrate zu verzeichnen. Im angegebenen Zeitraum (1964-1981) verachtfacht sich der absolute Anteil an Schülerinnen von 186 auf 14.900, wobei der relative sich knapp vervierfacht (1964/65: 7,7% zu 1980/81: 30,2%). Unerklärlich bleiben die Angaben von 1969/70, die sich sowohl von den Raten der vorherigen Jahre als auch der darauffolgenden abheben.
Überraschend ist die Entwicklung der Zahlen von 1973/74 (1.990 Schülerinnen) zu 1974/75 (3.000 Schülerinnen), denn obgleich diese Zunahme um ein Drittel in Korrelation mit den verstärkten Schulgründungen des Jahres 1973/74 zu sehen ist, erfolgt sie schon vor der Einführung der neunjährigen Schulpflicht. Immerhin erhellt dies zumindest den zweiten quantitativen Sprung von 1979/80 (10.000) zu 1980/81 (14.900), da die seit 1977/78 enorme Zunahme an Schülerinnen, welche die dreijährige Aufbauschule besuchen, sich auf die weiterführende Stufe frühesten drei Jahre später so sichtbar abzeichnen könnte. Die relative Anteilrate weist ebenfalls den im gesamten Zeitraum höchsten Zuwachs um weitere 4% von 26,4% (1979/80) auf 30,2% (1980/81) auf. In diesen Jahren sind wiederum beträchtliche Kapazitätssteigerungen zu konstatieren.
Obwohl 1980/81 bereits ein Drittel der OberschülerInnnen junge Frauen sind, bleibt insgesamt festzustellen, daß der Anteil der Oberschülerinnen im Vergleich zu dem Anteil der Schülerinnen der Aufbauschulen deutlich geringer ausfällt.

Berufsschulen

Daten über die technisch-gewerbliche Ausbildung stehen bisher nur in geringem Maße zur Verfügung. Ursache dafür ist der recht spät einsetzende Ausbau dieses Sektors Mitte der 70er Jahre. Entsprechend sind auch keine älteren Daten vorzufinden; die Ausnahme bilden allein die von 1968/69, denen zufolge 251 weibliche Auszubildende ein Elftel (9%) aller Auszubildenden stellen. Vergleichsweise niedrig ist die Steigerung bis 1976/77: Die absolute Zahl hat sich nur verdoppelt (539 Frauen), der relative Anteil blieb gleich.

1977/78 verzeichnen die Berufsschulen einen Zuwachs an 261 jungen Frauen, wobei die Steigerung der relativen Zahl sogar über 3% beträgt. 1978/79 erhöht sich die absolute Zahl um 300 auf 1.100 weibliche Auszubildende, die prozentuale Rate jedoch sinkt auf 10,7%; ein Indiz für den Anstieg der Auszubildenden insgesamt infolge forcierter Schulgründungen. Im folgenden Schuljahr ist das Phänomen genau umgekehrt: Die Anzahl der Berufsschülerinnen verringert sich um 100 auf nunmehr 1.000, wogegen der relative Teil auf 11,2% klettert. Erklären läßt sich dies mit dem Rückgang der BerufsschülerInnen überhaupt, sowie der Reduzierung der Schulen bzw. Schulplätze. 1980/81 steigen beide Angaben wieder; mit 2.800 jungen Frauen hat sich die absolute Zahl fast verdreifacht, der relative Anteil mit 20,3% beinahe verdoppelt, was größtenteils auf die Erweiterung der Ausbildungskapazitäten zurückzuführen ist. Ähnlich sieht die Entwicklung 1981/82 mit einem Zuwachs von 2.500 zusätzlich registrierten Berufsschülerinnen, die nun 5.300 zählen, aus, dabei klettert ihr Anteil um über 10% auf 31%. Bei einem Drittel vermag sich der Anteil 1983/84 zu behaupten, obgleich er wieder um 2,5% sinkt. Die absolute Zahl steigt in diesen drei Jahren um 717 auf insgesamt 6.017 Frauen in der gewerblich-technischen Ausbildung.

Pädagogische Institute

Ebenfalls gering sind die Angaben über den pädagogischen Bildungssektor. Ungleich höher gegenüber den Berufsschulen ist allerdings die Beteiligung der Frauen an dieser Qualifizierung. Es läßt sich eindeutig feststellen, daß die Lehrerinnenausbildung bevorzugt von Frauen gewählt wird. Liegt ihr Anteil 1974/75 bereits mit 11.000 bei 56% aller Studierenden, klettert die Rate 1977/78 um 4.000 auf 15.000 und macht 62% aus. 1978/79 und 1979/80 steigen die Zahlen weiterhin: 19.200 und 207.000, was jeweils Anteilen von 65,7% bzw. 66,4% entspricht. Im Studienjahr 1980/81 sind mit 18.300 Studentinnen, die 65,8% sämtlicher Studierenden stellen, erstmals rückläufige Daten zu verzeichnen; eventuell ein kleines Zeichen, daß Frauen sich nicht mehr ausschließlich für den Lehrerinnenberuf entscheiden und/oder die Kapazität an Arbeitsplätzen ausgelastet ist.

Universitäten

Die Entwicklung der Studentinnenzahl weist in quantitativer wie auch relativer Hinsicht einige Schwankungen auf. In der Hochschulausbildung zeichnet sich insgesamt betrachtet eine steigende Tendenz ab. 1965/66 studieren 154 Frauen an Libyens einziger Universität in Tripolis, sie stellen damit 8% aller Studierenden. In Relation zu den Schülerinnen, welche die Oberstufe in den Jahren davor besuchten und somit potentielle

Studentinnen wären (1964/65 immerhin 7.7%), liegt die Zahl erstaunlich hoch. Dies könnte ein Indiz für einen beträchtlichen Anteil an studierenden Nicht-Libyerinnen sein. Bis 1968/69 wächst die Zahl der Studentinnen auf 330, was einer Beteiligungsrate von 11% entspricht. Anfang der 70er Jahre sinkt die absolute Zahl auf 294, die relative geht gleichfalls zurück (8,7%). Während in den folgenden Jahren die absoluten Zahlen steigen, pendelt sich der verhältnismäßige Anteil auf ca. 8% ein. Mit Gründung der Ghar Yunis Universität in Benghazi vollziehen sich ab 1973 sprunghafte Zuwachsraten in beiden statistischen Kategorien. Das Studienjahr 1974/75 verzeichnet gegenüber dem Vorjahr eine Vervielfachung von 2,5, was die absoluten Zahlen betrifft; der relative Anteil klettert um 5% auf 15,8%. Im folgenden Jahr gehen die Zahlen geringfügig zurück, um 1976/77 noch einmal anzusteigen: 3.007 Studentinnen stellen nunmehr 18,6% aller Studierenden. 1977/78 verringert sich die absolute Zahl auf 2.900, ganz im Gegensatz zum prozentualen Anteil, der auf 19,3% steigt. Ab 1978/79 verlaufen die Zuwachsraten wieder steil aufwärts von 3.300 1978/79 auf 7.000 für 1982/83, wobei die relative Angabe bei ca. 25% bleibt. Allein 1980/81 weist rückgehende Tendenzen auf (4.100 Studentinnen und 21,2%). Möglicherweise steht dies im Zusammenhang mit der in diesem Jahr erheblich gewachsenen Beteiligung junger Frauen an den Berufsschulen.

Bewertung der Bildungspolitik nach 1969

Aufgrund der Investitionen sank die Analphabetinnenquote erheblich. Die Alphabetisierungsprogramme, welche sich besonders um die weibliche Bevölkerung bemühten, waren erfolgreich, wenngleich nach den neuesten Erhebungen von 1985 noch immer die Hälfte der über 15jährigen Frauen zu den Analphabetinnen zählen. Die Zahlen belegen, daß sich die Mädchen-Jungen-Relation in den Grundschuljahren im Gleichgewicht halten. Badry zufolge liegt die Einschulrate bei den 6-11jährigen Mädchen bei 100%. Auch der Besuch der Aufbauschule hat sich durchsetzen können, obwohl die Beteiligungsrate der Schülerinnen noch nicht der der Jungen entspricht. An den Hochschulen steigt der Anteil der Studentinnen 1986 auf 50%, mittlerweile sollen die Frauen ihre Komilitonen sogar überrundet haben (lt. Aussage einer Funktionärin). Die ehrgeizige Bildungspolitik hat also gegriffen, zumal die legislativen und materiellen Voraussetzungen bestehen, um Mädchen und Frauen den prinzipiell freien Zugang zu sämtlichen Bildungseinrichtungen und Fortbildungsstätten zu erleichtern.
Trotzdem läßt sich an Tabelle 3 ebenso ablesen, in welchem Maße der Mädchenanteil in allen höherqualifizierenden Einrichtungen abnimmt. Schülerinnen erhalten, obwohl sie bessere Schulleistungen erbringen als

Jungen, seltener eine über die Schulpflicht hinaus ausgerichtete Bildung, was wiederum schlechtere Studien- und Berufschancen nach sich zieht. Die Vermutung liegt nahe, daß Mädchen mit 15-16 Jahren, also nach Beendigung der Aufbauschule, aus Heiratsgründen eine weitere Ausbildung nicht in Betracht ziehen (sollen). Besonders in ländlichen Gebieten hängt die Entscheidung über den Ausbildungsverlauf und dessen Dauer vom Willen des Vaters oder dem des Bruders ab. Hinzu kommt, daß auf dem Land die höheren Schulen im Gegensatz zu den unteren Stufen keine Mädchenschulen sind. Koedukation wird hier auch stärker mißbilligt als in den Städten.
Im Allgemeinen aber scheinen die Mädchen zum Schulbesuch ermuntert zu werden, nicht zuletzt aus ökonomischen Erwägungen der Eltern, die sich davon bessere Verdienstchancen ihrer Töchter erwarten, von denen sie selbst dann profitieren können, da die Mädchen, selbst wenn sie verheiratet sind, einen Teil ihres Einkommens den Eltern zukommen lassen sollen.
Die Entwicklung des Schülerinnen- und Studentinnenanteils läßt mutmaßen, daß Schulbesuch, seine Dauer und Ausrichtung auch von den Anforderungen des Arbeitsmarktes abhängen.
Es verwundert kaum, daß libysche Mädchen und Frauen sich über die Pflichtschuljahre hinaus hauptsächlich im sozialen Dienstleistungssektor ausbilden lassen, denn sofern sie die Erwerbstätigkeit anstreben, bieten Berufe im sozialen und pädagogischen Bereich die besten Chancen, gesellschaftlich anerkannte außerhäusliche Arbeit zu verrichten. Bedauerlicherweise lassen sich die Partizipationsquoten der Berufsschulen und Universitäten bisher nicht in detaillierterer Form aufschlüsseln. Erst eine Gliederung der von Libyerinnen gewählten Berufszweige und akademischen Fachrichtungen könnte tatsächlich nachweisen, in welchem Maßstab der nach Geschlechtern segmentierte Arbeitsmarkt sich bei diesen Qualifizierungen widerspiegelt. Jedenfalls zielt die Bildungspolitik nach 1969 auf eine gut ausgebildete Jugend, welche den ökonomischen Kriterien gerecht zu werden vermag. Das Geschlecht spielt anfangs keine Rolle, d.h. Mädchen profitieren zunächst von den gewaltigen Strukturverbesserungen als Hälfte der hoffnungstragenden jungen Generation. In der höheren Ausbildung wird das Geschlecht zunehmend zum bestimmenden Faktor.
Der Unterschied zwischen vor- und nachrevolutionärer Bildungspolitik liegt eher auf quantitativer Ebene; zwar ist keine besondere Zäsur im Zahlenspiegel um das Jahr 1969 ersichtlich, aber die im Prinzip kontinuierliche, in Einzelfällen sogar sich in Sprüngen vollziehende Erhöhung des Anteils der weiblichen Bevölkerung an Bildungsmaßnahmen zeigt eine eindeutige Verbesserung innerhalb einer so kurzen Zeitspanne auf. So läßt sich sagen, daß die nachrevolutionäre Politik im Bildungsbereich in Anbetracht

der sehr jungen Bevölkerung und der erschwerten Voraussetzungen einer hohen AnalphabetInnenrate, den eigenen Ansprüchen entsprechen konnte; besonders im Ausbau der Bildungsinfrastruktur. Libyen investiert 1986 in diesen Haushaltposten, insgesamt 147,8 Mill. LD, dies sind 4,2% des gesamten Staatshaushaltes. Für 1987 liegen die geschätzten Ausgaben mit 206,1 Mill. LD bei 7,7%.

Angestrebte Ziele wie flächendeckendes Schulsystem, Verbindung von säkulärer und religiöser Erziehung, verbesserte Erwachsenenbildung, Integrationsprogramme für verheiratete und/oder schwangere Frauen sind größtenteils verwirklicht. Bildung wird weniger als früher mit Verwestlichung und damit der Gefahr einer Entfernung von eigenen Werten gesehen. Damit soll aber nicht behauptet werden, daß der in Gang gesetzte Bewußtseinsprozeß schon jegliches Mißtrauen bewältigt hätte.

Für die Frauenfortbildungsangebote läßt sich feststellen, daß sie in Form und Inhalt den tatsächlichen Bedürfnissen vieler Frauen wegen des Praxisbezugs entgegenkommen und im Einklang mit der von Frauen verlangten Rolle stehen. Dem entgegengesetzt bleibt der Schulunterricht häufig noch zu theoretisch und ist den Erfordernissen des Lebens selten angeglichen. Weitere noch bestehende Probleme stellen die Diskrepanz zwischen Qualität und Quantität der Einrichtungen, des Lehrpersonals, des Unterrichtsstoffes, der zu verzeichnende Trend zur Akademisierung trotz des Mangels an kompetenten Fachkräften, sowie die stellenweise schlechte Ausstattung und die mangelnden Beförderungsmöglichkeiten dar.

4.4 Lohnarbeit Frauenlohnarbeit in arabischen Ländern

Im Gegensatz zu Westeuropa hat es in den arabischen Ländern keine Industrialisierung gleichen Maßstabs gegeben. D.h. die Menschen der arabischen Welt werden durch die Anforderungen von Industriestaaten mit Anpassung an die schon entwickelten Verarbeitungsformen und deren Produkten konfrontiert, ohne selbst an deren Entwicklung teilzuhaben. Sie sind gezwungen, sich mit neuen Arbeitsmethoden und Gütern, der Modernisierung der Gesellschaft, welche gleichzeitig die Auflösung der alten Sozialstruktur bedeutet, auseinanderzusetzen; es entwickelt sich kein Äquivalent zu Großfamilie und Stamm. Modernität bedeutet hier alles, was die Tradition nicht betrifft. Inzwischen hat sich in allen arabischen Ländern die Schulausbildung für Mädchen und Jungen durchgesetzt, um dem Produktions- und Verwertungsanspruch des Weltwirtschaftssystems zu genügen. Viele Frauen ergreifen nach ihrer Ausbildung die traditionellen Berufslaufbahnen im medizinischen Bereich und als Lehrerinnen; obwohl sie nur zu einem geringen Teil in technischen und naturwissenschaftlichen Bereichen vertreten sind, arbeiten dennoch in den arabischen Ländern mehr Frauen in diesen Berufen als vergleichsweise in westlichen Industrieländern. Alle arabischen Staaten haben wegen der hohen Geburtenrate und der zurückgehenden Kindersterblichkeit eine junge Bevölkerung. In Libyen sind 1992 50% der Menschen unter 15 Jahren. Insgesamt arbeiten in den arabischen Ländern zwischen 20% und 30% der Gesamtbevölkerung, in Libyen verrichten 1986 24,2% Lohnarbeit. Im Vergleich dazu beträgt die Erwerbspersonenquote in den Industriestaaten ca. 40%

Nadia Hijab zufolge liegt dieses Phänomen einerseits an der jungen Bevölkerung und andererseits am geringen Anteil von Frauenlohnarbeit. Für deren begrenzte Beteiligung am Erwerbsleben sind diverse Gründe, die in unterschiedlicher Weise in arabischen Staaten zum Tragen kommen, heranzuziehen:

- die mangelnde oder geringe berufliche Ausbildung von Frauen
- der Arbeitsmarktbedarf an Frauen ist gedeckt, da sie nur in bestimmten Bereichen arbeiten dürfen; häufig sind gemischte Frauen-/Männerarbeitsplätze nicht geduldet
- Frauen können die Arbeitsstelle nicht erreichen, da ihnen das eigenständige Autofahren bzw. das Benutzen öffentlicher Verkehrsmittel ohne männliche Begleitung untersagt wird
- es wird nur dann in der Familie Lohnarbeit toleriert, wenn das Einkommen des Familienoberhauptes nicht für die familiären Bedürfnisse ausreicht

- Allein Frauen aus der Mittel- und Oberschicht sind privilegiert, in der Verwaltung zu arbeiten, in arabischen Ländern der am meisten anerkannte Berufszweig für Frauen. Er bietet einen sicheren Arbeitsplatz und ist kein Handwerk. Allerdings nur, solange die Frauen nicht mit Männern zusammenarbeiten müssen; während Frauen aus unteren Schichten primär in gesellschaftlich wenig angesehenen Bereichen arbeiten müssen und somit höherer Belastung durch Haushalt, Erwerbstätigkeit und sozialem Stigma ausgesetzt sind. Hinzu kommt die gesellschaftliche Ablehnung von Kindergärten und -horten, die infolgedessen nur als letzte Möglichkeit in Betracht gezogen werden. Aus diesen Gründen verbleiben sie häufig nur die unbedingt erforderliche Zeit an diesen Arbeitsplätzen und bevorzugen die Rolle der Ehefrau und Mutter.

Aus dieser Aufzählung geht hervor, daß sich vermehrte Erwerbstätigkeit von Frauen nicht zwangsläufig mit Emanzipation gleichsetzen läßt, sondern häufig einer wirtschaftlichen Notwendigkeit entspricht.

Frauenerwerbstätigkeit in Libyen

Um dem weiblichen Arbeitsvermögen gerecht zu werden, reichen Angaben über die Frauenerwerbstätigkeit nicht aus. Der Begriff der aktiven Arbeitskraft nach westlichen Kriterien umfaßt die tatsächlichen Leistungen von Frauen nicht. Sofern sich statistische Erhebungen allein auf den entlohnten Arbeitssektor beschränken und dabei Tätigkeiten im Reproduktionsbereich außer acht lassen, reflektieren sie nur die in Stunden meßbare, d.h. bezahlte, nicht aber die im kapitalistischen Maßstab nicht direkt zu verwertende Arbeit, die in der häuslichen und landwirtschaftlichen Sphäre ausgeübt wird. Diese bildet jedoch die eigentliche Basis innerhalb des Produktionssystems. Schon durch das Gebären, Stillen, Auf- und Erziehen von Kindern leisten Frauen einen sehr arbeitsintensiven Beitrag zum (Weiter-)Bestehen der Gesellschaft; Hausarbeit, Kochen und Versorgung der gesamten Familie, Reproduktion des Mannes sowie Kranken- und Altenpflege gehören ebenso in den Reproduktionsbereich wie die häufig anzutreffende Subsistenzwirtschaft.
Gerade in einem dem offiziellen Diskurs zufolge unterbevölkerten Land wie Libyen, in dem der Beginn der Industrialisierung und damit das Aufkommen des Lohnarbeitssystems noch jüngeren Datums und die entsprechend benötigte soziale Infrastruktur noch im Aufbau sind, besitzen die den Frauen obliegenden Tätigkeitsfelder immense Bedeutung. Noch lassen sich soziale Dienste nicht delegieren, hauptsächlich aufgrund der tradierten Barrieren, andererseits auch wegen fehlender Einrichtungen. Die

ersten Altersheime wurden erst in den letzten Jahren eingerichtet. Frauen übernehmen zudem noch zusätzlich Arbeitsbereiche, die vor der Industrialisierung von Männern ausgeübt wurden. Die Konzentration der Libyerinnen auf die familiäre Arbeitssphäre trägt direkt (Nachkommenreproduktion) wie indirekt (Versorgung, Erziehung, Pflege etc.) zum wirtschaftlichen Funktionieren bei, obwohl bzw. weil sie als selbstverständlich hingenommen und in statistischen Erhebungen nicht erfaßt wird. So tauchen Frauen, die in der Argarwirtschaft arbeiten, eher als geschlechtslose mithelfende Familienangehörige denn als Bäuerinnen auf. Im industriellen Sektor wird der Widerspruch zwischen Tradition und Modernität durch die Doppelbelastung der Frauen offensichtlich, da die Erwerbstätigkeit sie nicht von der Arbeit im Reproduktionsbereich befreit.
Erst ab 1973 wird die libysche Erwerbspersonenquote überhaupt nach Geschlechtern aufgegliedert. Es bleibt festzuhalten, daß Frauenerwerbstätigkeit in Libyen noch eine Seltenheit ist und erst langsam in das Blickfeld rückt.

Die „Große Grüne Deklaration der Menschenrechte in der Epoche der Massen" (Juni 1988) bestimmt unter Punkt 11 die Grundlagen für die Erwerbstätigkeit:

> *„Die Jamahiriyagesellschaft garantiert das Recht auf Arbeit. Die Arbeit ist Pflicht und Recht eines jeden Menschen im Rahmen seiner persönlichen Anstrengungen oder zusammen mit anderen Menschen. Jeder Mensch ist berechtigt, die ihm passende Art der Tätigkeit zu wählen. Die Jamahiriyagesellschaft ist eine Gesellschaft der Partner und nicht gedungener Personen. Das infolge der Anstrengungen geschaffene Eigentum wird geschützt und ist heilig und unantastbar bis auf Fälle, da allgemeine Interessen tangiert werden. Dabei setzt die Enteignung des Eigentums eine gerechte Entschädigung voraus. Die Bürger der Jamahiriyagesellschaft sind frei von der Lohnarbeit und bekräftigen das Recht des Menschen auf Arbeit und ihre Ergebnisse. Wer herstellt konsumiert."*
> (Große Grüne Deklaration der Menschenrechte (...), 1988)

Arbeit bedeutet in der Jamahiriyagesellschaft Bedürfnisbefriedigung ohne Reichtumsanhäufung (G.B., S. 58).

„Die Gesellschaft sollte allen dazu fähigen Mitgliedern – Männern und Frauen – Arbeit geben, wenn sie sie brauchen."
(S. 106)

Dies muß sich im Bewußtsein jeder/jedes Einzelnen manifestieren, um das System von „Partnern statt Lohnarbeitern" (s.u.) durchzusetzen.
Bevor wir die theoretische Basis erläutern, die in Libyen zur Frauenerwerbstätigkeit beiträgt, noch einige Zahlen, die die anteilige Größenordnung und die Altersstruktur der aktiven Frauen verdeutlichen sollen.

TABELLE 4: TEILNAHMEQUOTE DER AKTIVEN FRAUEN NACH ALTER GEORDNET 1964 UND 1973

1) 1964:

Alter	Frauen ges.	Aktive Frauen	ges. %	Anteil %
15-19	58.104	2.557	15,0	4,4
20-24	56.994	2.525	15,0	4,4
25-34	107.716	4.293	26,0	3,9
35-44	70.760	3.304	20,0	4,6
45-54	44.950	2.347	14,0	5,2
55-59	12.319	495	3,0	4,0
60 &	52.269	1.134	7,0	2,2
TOTAL	403.112	16.178	100,0	4,0

2) 1973:

Alter	Frauen ges.	Aktive Frauen	ges. %	Anteil %
15-19	82.207	3.386	11,8	4,1
20-24	66.808	4.723	16,1	7,1
25-34	109.422	6.535	22,8	6,0
35-44	90.534	5.967	20,8	6,6
45-54	60.152	5.079	17,7	8,4
55-59	17.640	1.382	4,8	7,8
60&	59.076	1.154	5,4	2,6
TOTAL	485.839	28.624	100,0	5,9

(Quelle: Souriau, 1986, S. 143f)
Unter der Kategorie „Frauen gesamt" sind alle Frauen dieses Alters zusammengefaßt. „Aktive Frauen" beschreibt die erwerbstätigen Frauen der jeweiligen Altersgruppen. Die Spalte „gesamt %" setzt die Anzahl der aktiven Frauen dieses Alters in Relation zu den aktiven Frauen total. Die Zahlen für 1973 sind gerundet und ergeben daher nicht ganz 100%. Die letzte Spalte zeigt auf, welchen prozentualen Anteil die aktiven Frauen zu allen Frauen derselben Altersstufe ausmachen.

Wir möchten hier ausschließlich auf Auffälligkeiten hinweisen; eine detailliertere Analyse ist unserer Einschätzung nach unzulässig, da wir nur für zwei Jahre Zahlen belegen können.
Zwischen den verfügbaren Jahren 1964 und 1973 steht das Revolutionsjahr 1969, so daß eine eventuelle Veränderung in der Teilnahmequote aktiver Frauen nach Altersgruppen aufgeteilt auf dem Hintergrund einer politischen Veränderung stattfinden konnte.
Die totale Anzahl erwerbstätiger Frauen stieg von 1964 (16.178 Frauen; 4%) bis 1973 (28.624 Frauen; 5,9%) sowohl absolut wie relativ. Frauen unter 20 Jahren sind in geringen Maße aktiv, wobei ihr prozentualer Anteil an den erwerbstätigen Frauen wie auch innerhalb ihrer Altersstufe in diesem Zeitraum sank. Die Frauen zwischen 20 und 44 Jahren, im Alter der Fertilität, machen in beiden Jahren (1964: 61%; 1973: 59,7%) den höchsten Prozentsatz an den erwerbstätigen Frauen aus; gemessen an dem Anteil innerhalb der jeweiligen Altersgruppen ist der prozentuale Anteil allerdings recht gering (1964: 12,9%; 1973: 19,7%). Vergleichsweise hoch ist demgegenüber der Prozentsatz der Frauen ab 45 Jahren, der von 1964 zu 1973 gestiegen ist. Ihr aktiver Anteil beträgt 1964 24% und 1973 27,9%, in ihren Altersgruppen vertreten sie 1964 11,4% und 1973 18,8% der Frauen. Bemerkenswert für uns Europäerinnen ist dabei die Tatsache, daß Frauen über 60 Jahren noch weiter erwerbstätig sind.
Frauen haben nach dem Gesetz das Berufswahlrecht. Ihnen ist die Arbeit in Bereichen, die ihrer „Natur“ zuwiderläuft, also schmutzige, körperlich schwere Arbeit, untersagt. Kategorisiert und definiert wird diese Art von Arbeit durch das Arbeitsministerium. Gesetz 58 regelt das Arbeitsrecht von Frauen. Artikel 91 des Arbeitsgesetzes verbietet jegliche Diskriminierung zwischen Frau und Mann und garantiert gleiche Rechte für gleiche Arbeit und Qualifikation. Die wöchentliche Arbeitszeit von Frauen wird auf 48 Stunden begrenzt, Frauennachtarbeit zwischen 20 und 7 Uhr ist, mit vom Arbeitsministerium festgelegten Ausnahmen, wie beispielsweise im medizinischen Bereich, verboten. Zusätzlich regelt dieses Gesetz Mutterschutz, Lohnfortzahlung bei Krankheit und Schwangerschaft. Schwangere Frauen, die länger als sechs Monate im Betrieb tätig sind, dürfen 50 Tage zur Hälfte ihres Lohnes bezahlten Schwangerschaftsurlaub nehmen (Artikel 43) oder wahlweise einen Monat mit voller Bezahlung. Bei Komplikationen während ihrer Schwangerschaft können sie bis zu 60 Tagen bei halbierter Lohnfortzahlung freigestellt werden. Schwangere Frauen erhalten zusätzlich zu ihrem Verdienst einen Betrag von 3 LD ab dem dritten Schwangerschaftsmonat, mit der Auflage, sich einer regelmäßigen Untersuchung zur staatlichen Kontrolle ihres Gesundheitszustandes zu unterziehen. Der Staat übernimmt die Entbindungskosten im Krankenhaus

und zahlt einen einmaligen Betrag für jedes Kind – eine „Wurfprämie" von bis zu 30 LD. Frauen, die nach fünfjähriger Betriebsangehörigkeit heiraten und Kinder bekommen, erhalten einen Bonus von bis zu einem Monatslohn pro Arbeitsjahr, wenn sie die Geburt des Kindes melden. Alle Institutionen, die mehr als 50 Frauen beschäftigen, müssen für die Kinder im Vorschulalter eine Kinderkrippe bereitstellen (Artikel 98). Es muß ihnen 18 Monate lang mindestens eine Stunde ihrer Arbeitszeit für das Stillen ihres Kindes gewährt werden. Wird die Werktätige krank, steht ihr eine 60%ige Lohnfortzahlung zu. Bei Arbeitsunfällen, muß ihr bis zu einem Jahr Lohnfortzahlung von 70% gewährt werden.
Mit 55 Jahren beginnt das Rentenalter: das bedeutet mindestens 30 LD im Monat oder mehr als 80% des letzten Monatsgehalts oder den Gesamtbetrag von 150 Arbeitsmonaten.
Die Jamahiriyagesellschaft befolgt mit diesem Gesetz alle von der International Labour Organisation (ILO) vorgegebenen Richtlinien. Im Vergleich zu anderen arabischen Ländern, ist diese Gesetzgebung, durch die Einräumung fast aller Vorgaben, weitreichend, wenn auch einige mit differierender niedrigerer Zeitvorgabe, wie z.B. die kürzere Beurlaubungszeit nach der Entbindung.

Wie bereits erwähnt, befindet sich der Arbeitsplatz der Frau traditionsgemäß im Haus. Aufgrund der überlieferten Sozialstruktur sind die Arbeitsbereiche nach Geschlechtern getrennt, somit besteht eine nur begrenzte Kommunikation zwischen den Geschlechtern. Die Einbeziehung von Frauen in das Erwerbsarbeitssystem verändert die althergebrachte Arbeitsaufteilung. Den daraus resultierenden Konflikt für Frauen, zwischen Tradition und Modernität zu stehen, löst auch Gaddafi nicht in seiner Universaltheorie. Er fordert einerseits die Emanzipation und Revolutionierung der Frauen mittels Partizipation in der Öffentlichkeit und andererseits die Beibehaltung der traditionellen weiblichen Rolle im Haus. Gaddafi weicht nicht von seiner männlichen Vorstellung der Arbeitsbereichsaufteilung ab, und sieht dennoch die Frauen als notwendige Arbeitskräfte, um Libyens Wirtschaft mit geringerer Anzahl an MigrantInnen florieren zu lassen. Denn von 35.900 erwerbstätigen Frauen (6,6% der Gesamtbeschäftigten) sind 7.600 (1,4% der Gesamtbeschäftigten) Migrantinnen.
Aus dem Paradoxon, Tradition mit ökonomischer Notwendigkeit zu kombinieren, resultieren immer wieder Äußerungen Gaddafis, die die Partizipation zu beschränken versuchen:

> *„(...) Qaddafi (hat, d.V.) im September 1975 darauf hingewiesen, daß jeder Studiengang an der Universi-*

tät für Mädchen verboten werde, der sie auf 'den Weg der Männlichkeit' führt."
(Badry, 1986, S. 210)

Frauen betätigen sich hauptsächlich in Schulen, in der Verwaltung, im medizinischen Bereich und in der Textilindustrie.

TABELLE 5:
ERWERBSTÄTIGE FRAUEN NACH WIRTSCHAFTSBEREICHEN
(Gegenüberstellung zweier Quellen wegen differierender Angaben)

Abu Nasr, 1985, S. 23 f		**Souriau, 1982, S. 84**	
Landwirtschaft, Jagd-, Forst- und Fischereiwesen	38,5%	Landwirtschaft, Jagd-, Forst- und Fischereiwesen	47,9%
Gemeinde-, Sozial- und Gesundheitswesen	50,4%	Bildungswesen	21,0%
		Gesundheitswesen	14,7%
		Öffentliche Verwaltung und Verteidigung	4,3%
		Andere Dienstleistungen	3,4%
Industrie	4,6%	Industrie	5,3%
Verkaufswesen Hotel- und Gaststättengewerbe	1,5%	Verkaufswesen Hotel- und Gaststättengewerbe	0,7%
Transportwesen, Lager- und Kommunikationswesen	1,0%	Transportwesen, Lager- und Kommunikationswesen	0,7%
Banken, Versicherungen und Immobilienhandel	1,4%	Banken, Versicherungen	0,7%
		Mineralöl, Gas	0,4%
Elektrizität-, Wasser-, Gasversorgung	0,3%	Elektrizität-, Wasser-, Gasversorgung	0,4%
Bergbau	0,9%	Bergbau	0,3%
Bau- und Montage	0,6%	Bau- und Montage	0,2%
Anderes	0,8%	Anderes	0,5%

TABELLE 6:
ANTEIL FRAUEN IN BEZUG AUF GESAMTBESCHÄFTIGUNGSZAHL AUFGESCHLÜSSELT NACH BERUFSZWEIGEN

	1975		1976		1977	
Landwirtschaft, Forst- und Fischereiwesen	13,0%	(15.0)	13,0%	(15.3)	13,4%	(15.6)
Bildungswesen	15,4%	(8.0)	19,0%	(9.1)	20,0%	(10.6)
Gesundheitswesen	28,2%	(5.7)	29,0%	(6.3)	30,3%	(7.0)
Dienstleistungen	3,0%	(2.0)	3,5%	(2.4)	4,2%	(3.0)
Andere Dienstleistungen	2,8%	(1.1)	1,8%	(0.7)	1,0%	(0.4)
Industrie	8,4%	(1.6)	8,1%	(1.7)	7,3%	(1.8)
Handel	0,7%	(0.3)	0,7%	(0.3)	0,7%	(0.3)
Transport	0,6%	(0.3)	0,6%	(0.3)	0,6%	(0.3)
Banken	6,5%	(0.4)	7,7%	(0.5)	10,0%	(0.7)
Mineralöl	1,3%	(0.1)	1,2%	(0.1)	1,1%	(0.1)
Elektrizität	1,1%	(0.1)	1,0%	(0.1)	1,0%	(0.1)
Bergbau		......		......		......
Bau- und Montage	0,3%	(0.1)	0,3%	(0.1)		
TOTAL	7,6%	(34.7)	7,9%	(36.9)	8,0%	(40.0)

Quelle: Allaghi, o.J., S. 20f.; Prozentzahlen und Reihenfolge d.V., absolute Zahlen in Klammern in Tausend

Diese Zahlen sind nur Richtwerte, da viele Arbeitsplätze, die sich in den privaten Haushalten befinden, wie Heimarbeit, nicht registriert werden. Von den 43% der im Bildungssektor arbeitenden Frauen absolvierten 66% die Universität, was bedeutet, daß sich der Arbeitsmarkt für Frauen durch den Ausbildungsweg kanalisiert. Aber auch Arbeitsplatzzuweisungen spielen eine nicht zu unterschätzende Rolle.

> *„Nach jeglichem Uniabschluß sucht der Staat (das Büro für Arbeitskraft) einen Platz (auch in der Fabrik) für alle; den sie/er aber nicht annehmen muß.“*
> (Interview mit Funktionärinnen, 29.07.1991)

Das Lehramt wird als Frauenarbeit in der libyschen Gesellschaft gefördert, da die Geschlechtersegregation durch Mädchenschulen mit weiblichem Kollegium gesichert bleibt. Zu Beginn der Öffnung der Schulen für Mädchen, übernahmen meist Ägypterinnen und auch Syrierinnen (24,3% Migrantinnen) aus Mangel an libyschen Fachkräften den Unterricht. Für die Ägypterinnen ein lukrativer Arbeitsmarkt, da das Einkommen in Libyen doppelt so hoch wie in Ägypten ist.
Der RKR und die Volkskonferenzen verfolgen seit 1985 das Ziel, immer mehr libysches Personal auf die Stellen der MigrantInnen zu setzen. Die Zahl der ausländischen ArbeitnehmerInnen verringerte sich um 97.000 von 1984-1986, die der libyschen Erwerbstätigen erhöhte sich im gleichen Zeitraum um 75.000. Da jedoch 1987 (Tunesien) bzw. 1989 (Ägypten) die Grenzen geöffnet wurden, besteht die begründete Vermutung, daß diese Zahlen wieder in umgekehrter Richtung zunehmen.

1975 beträgt der Lehrerinnenanteil 14% (8.000 Frauen), 1977 schon 20% des Gesamtpersonals. Den ausgebildeten Pädagoginnen ist es gesetzlich verboten, in anderen Bereichen als im pädagogischen zu arbeiten.
Da Gaddafi die weibliche Besetzung im Dienstleistungs- und sozialen Arbeitssektor fordert, ist auch im medizinischen Bereich trotz traditioneller Barrieren eine Zunahme an weiblichem Personal festzustellen, nicht zuletzt wegen der Migrantinnenzahl. 1975 arbeiten 16,4% Frauen im Gesundheitswesen, hauptsächlich als Krankenschwestern und Hebammen. Die Zahl der Gynäkologinnen in Libyen steigt im Zeitraum zwischen 1969 und 1973 von 51 auf 96, die Zahl der Ärztinnen der Kinderheilkunde von 43 auf 102 im selben Zeitraum.
Die Ausbildung ist hier, wie auch in einigen anderen Bereichen, für Frauen relativ gut zugänglich. Doch die wenigsten erhalten im Anschluß daran einen adäquaten Arbeitsplatz. Gründe dafür liegen an den mangelnden oder den der Ausbildung nicht entsprechenden Arbeitsplätzen und den für

Frauen nicht ohne weiteres möglichen, jedoch notwendigen berufsbezogenen Ortswechsel, da sie zumeist in sozial bindenden Familienzusammenhängen leben.

Ein weiterer Frauenarbeitsplätze bietender Bereich ist die Verwaltung. Hier können sie hauptsächlich als Sekretärinnen und Telefonistinnen agieren. Es scheint Gaddafis Intention zu sein, das gesamte Verwaltungswesen in Frauenhände zu geben.

Eine derartige Politik wäre ein Umschichtungsprozeß: Um die Anzahl der ausländischen Arbeitskräfte zu minimieren, werden u.a. seit 1985 abwandernde Migranten im verarbeitenden Gewerbe durch Libyer aus dem Verwaltungssektor ersetzt. Die daraus entstehende Lücke sollen die in speziellen Instituten ausgebildeten Frauen schließen. Begründet wird der ökonomische Aspekt mit der biologistischen Argumentation:

> *„Telephone operators are all women, a job that requires patience.“*
> (Habib, 1975, S. 212)
>
> *[„TelefonistInnen sind nur Frauen, da diese Arbeit Geduld erfordert.“]*

Allerdings bedarf es in dieser traditionellen Männerdomäne noch der Akzeptanzbildung in der Bevölkerung, da es sich noch immer um gemischtgeschlechtlich besetzte Arbeitsplätze handelt.

Gaddafi betont wiederholt in seinen Reden die Wichtigkeit der Rolle der Frau im gesellschaftlichen Leben sowie im Arbeitsprozeß, um den Bedarf an ausländischen Arbeitskräften reduzieren zu können.

Die Segregation wird ebenfalls im industriellen Sektor stark forciert, Frauen arbeiten in Tabak- und Streichholzfabriken sowie in manchen Bäckereien, hauptsächlich jedoch im textilverarbeitenden Gewerbe, was nicht als körperlich schwere Arbeit definiert ist. Die Belegschaft in den Textilfabriken ist zu 98% weiblich, nur die Wartungsarbeiten werden von Männern verrichtet. Fabriken, die hauptsächlich Frauen beschäftigen, haben den Vorteil, daß die Ehemänner ihre Frauen ohne Befürchtungen von Ansehensverlusten dort arbeiten lassen können.

Eine weitere Variante der Frauenbeschäftigung besteht in der Heimarbeit:

> *„Misrata not only produce rugs, but had a training center in which women were taught how to weave them. It had also a „house-service“ whereby teachers went from home to home teaching housewives to sew, supervising them, and buying their work and selling it on the market.“*
> (Deeb/Deeb, 1982, S. 67)

[„In Misrata werden nicht nur Teppiche produziert, sondern die dort beschäftigten Frauen werden auch im Weben derselben unterrichtet. Außerdem existiert ein „Haus-Service". Dazu werden Lehrerinnen von Haus zu Haus geschickt, um den Frauen zuhause Nähen beizubringen und sie zu unterstützen. Ihre in Heimarbeit erstellte Ware wird dann durch diesen Service auf den Markt gebracht."]

Heimarbeit bedeutet jedoch, daß die soziale Komponente der Erwerbstätigkeit entfällt, die Frauen ihren familiären Zusammenhang nicht verlassen müssen und demzufolge keine Kontakte zu anderen Arbeiterinnen knüpfen können. Darüberhinaus wird die Kontrolle über die gleiche Bezahlung für gleiche Arbeit durch die Verhinderung des Vergleichs erschwert. In den Fabriken selbst jedoch soll sich das Prinzip der „Partner nicht Lohnarbeiter" durchsetzen. Das heißt, daß alle, die in irgendeiner Form in dieser Fabrik arbeiten, Mitspracherecht erhalten und die Verteilung der Gewinne gemeinsam festlegen. Zudem ist es gesetzlich verankert, daß ein bestimmter Prozentsatz des Gewinns für die Löhne bereitgestellt werden muß.
Mattes behauptet, daß:

> *„(...) gerade der Produktionssektor (es sei, d.V.), der sich durch die Abwesenheit weiblicher Arbeitskräfte auszeichnet und damit die Bezeichnung der Frau als 'Heldin der Produktion' (v. Gaddafi, d.V.) als Verbalismus entlarvt" wird (...).*
> (Mattes, 1982, S. 327)

Deeb/Deeb schreiben dazu:

> *„However, women in industry still constitute a very small (albeit growing) proportion of the women in Libya who are part of the work force."*
> (Deeb/Deeb, 1982, S. 65)

> *[„Fabrikarbeiterinnen bilden noch immer einen kleinen Teil der weiblichen Beschäftigten in Libyen, jedoch wächst die Zahl stetig."]*

Um eine größere Anzahl von Arbeiterinnen zu motivieren, existieren in staatlichen Produktionseinheiten speziell auf Frauen zugeschnittene Mobilisierungsmaßnahmen. So wird z.B. in den Tabakfabriken ein täglich zweistündiger Unterricht für Frauen angeboten, zusätzlich erhalten sie kostenlose warme Mahlzeiten und Kaffee. Der Betrieb organisiert die

Beförderung vom und zum Arbeitsplatz und sichert die medizinische Versorgung.

Zur Frage der Hausangestellten besagt die Große Grüne Deklaration der Menschenrechte unter Punkt 22:

> *„Die Bürger der Jamahiriyagesellschaft sind der Auffassung, daß Hausdiener Leibeigene sind, die von ihren Herren total versklavt werden. Ihre Lage ist nicht durch das Gesetz bestimmt. Sie haben weder Garantien noch Schutz. Sie, die sie ihren Herren auf Gnade und Ungnade geliefert sind, werden zu Opfern der Unterdrückung. Sie werden gezwungen, Arbeit um eines Stücks Brot willen zu leisten, die ihre menschliche Würde und ihre Gefühle erniedrigt. Daher verbietet die Jamahiriyagesellschaft, Hausdiener zu halten. Das Haus soll von seinen Bewohnern selbst bedient werden."*
> (Große Grüne Deklaration der Menschenrechte (...), 1988)

Trotz des Verbots der Beschäftigung von Hausangestellten existiert diese Form der Anstellung, sie ist bis 1973 sogar direkt hinter dem Argarsektor der zweitgrößte Arbeitgeber. Da Frauen aufgrund veränderter größerer Partizipationsmöglichkeiten auf dem Arbeitsmarkt diesen Arbeitsbereich weniger frequentieren, greifen die ArbeitgeberInnen erneut auf Ägypterinnen und Tunesierinnen zurück.
Die geringe Präsenz von Frauen in technischen Berufen, die auf tradierten sozialen Restriktionen und der daraus entstandenen Gesetzgebung basiert, wird sich allein wegen des Mangels an männlichen Arbeitskräften verändern. So wurden z.B. 1973 acht Pilotinnen eingestellt, aber auch hier auf dem Hintergrund der angestrebten Reduzierung der Zahl der ausländischen Arbeitskräfte.
Zusammenfassend heißt das, daß sich die Aussage Mattes bestätigt:

> *„Ausbildung bis zu einem gewissen Grad ja, generelle Eingliederung der Frau in den Arbeitsprozeß nein, sektorale Beschäftigung der Frau nur als Hebamme, Krankenschwester oder Lehrerin."*
> (Mattes, 1982, S. 326)

Trotzdem müssen wir erkennen, daß insgesamt durch die erweiterten Bildungschancen von Mädchen und Frauen die Gesamtzahl der werktätigen Frauen steigt. Parallel dazu verändert sich sehr zögernd auch die Einstellung zu Frauen in der Arbeitswelt sowie in der Öffentlichkeit.

Im Zeitraum zwischen 1964 und 1980 hat sich allerdings der prozentuale Anteil an Frauen im Erwerbsleben kaum verändert, er liegt bei ca.5% (Mattes)*, Die stagnierende Prozentzahl läßt sich zum einen mit der Verschiebung von Arbeitskräften an sich erklären, da die primäre Zielrichtung die Einstellung von LibyerInnen auf Arbeitsplätzen von MigrantInnen war und ist. Die Herausgeberin des Frauenmagazins „al-Beit" (das Haus) begründet die stagnierenden Frauenerwerbszahl zum anderen mit tief verwurzelten tradierten Umständen. Erst die Familiengründung ist die Erfüllung des weiblichen Lebens, so daß viele Libyerinnen dem Arbeitsmarkt spätestens nach dem ersten Kind nicht mehr zur Verfügung stehen. Gaddafi lehnt die Doppelbelastung von Frauen, durch Erwerbsarbeit hervorgerufen, ab, und fordert damit den Verzicht auf die weibliche Arbeitskraft zugunsten des Familienerhalts. Solange Politik und Tradition in solchem Maße Einfluß auf die Libyerin ausüben, kann keine gravierende Änderung ihrer Teilnahme auf dem Arbeitsmarkt erreicht werden, zumal letzterer weiterhin segmentiert bleibt. Es steht jedoch infrage, ob die uneingeschränkte Beteiligung am Arbeitsmarkt eine gleichberechtigte Gesellschaft hervorzubringen imstande ist, noch dazu, wenn diese aus der wirtschaftlichen Notsituation des Arbeitskräftemangels resultiert.
Festzuhalten bleibt weiterhin, daß es Frauen in Libyen in der Öffentlichkeit erlaubt ist, sich ohne männliche Begleitung relativ frei zu bewegen und sie dadurch in ihrem Handlungsspielraum wenig Einschränkungen unterliegen. Das erleichtert die Partizipation im Erwerbsleben und auch im politischen Bereich.

* lt. Uno-Bericht von 1991 stieg 1990 die Zahl der erwerbstätigen Frauen jedoch auf 9% und erreichte damit dieselbe Rate wie in Ägypten

4.5 Agrarsektor Strukturbedingungen und Entwicklungskonzepte

Wenn wir Moderne als Neuorganisation der geschlechtlichen Arbeitsaufteilung zwischen Heim und Betrieb definieren, dann beinhaltet Tradition zwar auch nach Geschlechtern getrennte räumliche Arbeitsplätze, die Arbeiten beider Geschlechter stehen jedoch in direktem Zusammenhang. In der industriellen Arbeitswelt dagegen steht die entlohnte Arbeit im Vordergrund, sie allein zählt zur Produktion; die unbezahlten Tätigkeiten im häuslichen Bereich bleiben ungenannt und erfahren dadurch eine Entwertung. Der sich wandelnde Agrarsektor verändert ebenfalls seine Sozialstrukturen, trotz voneinander abhängiger Arbeitsweisen; dennoch können wir hier traditionelle Strukturen, die eine differierende Stellung der Frau und die Stellung der Groß/-Familie beinhalten, deutlicher ausmachen als im städtischen Bereich.

Die Landwirtschaft in Afrika läßt sich vereinfacht in zwei traditionelle Typen unterteilen. Südlich der Sahara findet sich der Wanderfeldbau, in dem Frauen dominieren, während sich im Norden der männerdominierte Pflugbau durchgesetzt hat. Durch diese Form der Bodenbearbeitung sind Frauen und ihre Arbeit oft nicht mehr sichtbar. In Statistiken erscheinen sie dann nur undefiniert als „mithelfende Familienangehörige“. Nicht zuletzt trägt auch der Islam mit seinem Idealbild der zurückgezogen lebenden Hausfrau seinen Teil dazu bei, das Paradoxon der unsichtbaren Arbeit aufrecht zu erhalten. Auf dem Land beteiligt sich die Frau jedoch mehr und freier am Arbeitsprozeß und am gesellschaftlichen Leben als in den Städten.

In Libyen, wie auch in anderen kolonialisierten Ländern, ist die Aufrechterhaltung von Traditionen in ländlichen Regionen durch den Siedlerkolonialismus gestört worden. Die Umsiedlung italienischer Bauern nach Libyen zwang die autochthone bäuerliche Landbevölkerung, ihre Agrarflächen zu verlassen. Die so proletarisierte Bauernschaft verrichtete nun ausschließlich Tagelohnarbeit.

Die Verwüstungen großer Agrarflächen durch den 2. Weltkrieg sind bis heute gegenwärtig, da die Verminung der Felder durch italienische, englische, französische und deutsche Truppen noch immer die landwirtschaftliche Bearbeitung des Bodens unmöglich macht. Zwar gab es Forderungen nach Räumung bzw. finanzieller Unterstützung an den Deutschen Bundestag, aber entsprochen wurde ihnen nie (auslandsjournal im Juni 1992). Dies ist ein zusätzlicher eklatanter Nachteil für den Wüstenstaat Libyen, in dem sich nur ca. 10% der Gesamtfläche des Landes zur landwirtschaftlichen Nutzung anbieten würden, um den Lebensmittelbedarf der Bevölkerung zu decken.

Während der Monarchie stieg der Lebensmittelimport stetig; erst seit 1969 wird wieder verstärkt in die Landwirtschaft investiert. 1970 verkündet Gaddafi die Grüne Revolution, die auf die zukünftige Selbstversorgung des Landes zielt. Dies bedeutet, eine neue Bauernschaft zu bilden und gleichzeitig die Grundeigentümer zu enteignen. Parallel dazu werden neue Anreize geschaffen, um die Verstädterung Libyens zu stoppen und spezielle Forschungszentren zur Erkundung der Planungsbedürfnisse, u.a. in der Landwirtschaft, gegründet. Während zwischen 1962 und 1967 nur 35% der gesamten angebotenen allerdings unzureichenden Produktpalette im Land hergestellt werden, sollen nun gravierende Änderungen vorgenommen werden.

> *„(T)he Jafara-Plain, the great Jebel al Akhdar ... the Fezzan valleys are witnessing the great agricultural revolution that will enable the Libyan people to earn their living, to eat freely ... the food that was normally imported from overseas ... this is freedom, this is independence and this is revolution."*
> (Gaddafi, in: Bearman, 1986, S. 128)

> *[„Das Jafara Gelände, das große Jebel al Akhdar ... die Gebiete im Fezzan feiern die große Agrar-Revolution, die die libysche Bevölkerung befähigen wird, ihren Lebensunterhalt zu verdienen, alles zu essen ... die Lebensmittel, die normalerweise aus Übersee importiert werden, das ist Unabhängigkeit und das ist Revolution."]*

Die Investitionen steigen von 5,1% (1969) auf 22,9% (1970), womit der Agrarbereich 1970 den relativ höchsten Anteil an öffentlichen Geldern erhält.

> *„Die Wiederbelebung landwirtschaftlich nutzbaren Bodens in Gebieten, die von verarmten Bauern vor langen Jahren verlassen worden waren, wird systematisch gefördert (...)"*
> (Libyen Solidaritätskomitee, 1989, S. 47)

Die großzügigen Mittel sollen Bewässerungsprojekten, Kanalisierung, Neulandgewinnung und einer Agrarreform dienen, um der ländlichen Bevölkerung die bestmöglichen Mittel für das dortige Leben sowie neue Siedlungsorte zu schaffen.

Der landwirtschaftliche Sektor ist gleichzeitig der einkommensschwächste Bereich und von daher wenig attraktiv für die libysche Bevölkerung.

Der Plan der Grünen Revolution sieht vor, das nichtgenutzte Agrarland zu verstaatlichen und die von den Italienern in Genossenschaften bewirtschafteten Ländereien in 16 Projekte zu teilen. Diese daraus entstehenden Dörfer werden unter Aufsicht von Graduierten aus den landwirtschaftlichen Fachhochschulen und von ausländischen Fachkräften, z.B. aus den USA, gestellt. Ein Ziel, neben der Bereitstellung neuer Arbeitsplätze, ist die Bearbeitung des Bodens durch Libyer.

> *„Dabei darf er (der Bauer, d.V.) unter keinem Vorwand jemanden gegen Bezahlung anstellen, damit die Lösung ihren radikalen Charakter bewahrt und sich ohne überflüssige Kontrollmaßnahmen und Urkundenausstellungen durchsetzen kann."*
> (Kommentare, 1. Teil, S. 108 f)

Gesucht werden für diese landwirtschaftlichen Projekte Libyer, möglichst (ehemalige) Bauern oder aber Männer, denen diese Arbeit zumindest nicht unbekannt ist. Sie sollen weder Eigentum noch viel Geld besitzen. Bevorzugt werden kinderreiche Väter – von Frauen ist nicht die Rede.

Um den so angesprochenen Libyern einen Anreiz zu geben, wird ihnen ein Mindesteinkommen zugesichert (die Landwirtschaft erwirbt nicht mal ein Prozent des Bruttosozialprodukts 1970), hinzu kommt die Absicherung von mindestens 300 Arbeitstagen und der Verkauf der Produkte während des gesamten Jahres. Die landwirtschaftlichen Projekte erhalten eine Infrastruktur mit Zentrum, Läden, Werkstätten, Gesundheitsfürsorge, Tankstelle, Bank und Moschee, um die Rückbewegung aus den Städten in die ländlichen Regionen zu erleichtern.

Die Projekte bestehen aus mehreren beianderliegenden Höfen, deren BewohnerInnen die Maschinen und Gerätschaften gemeinsam nutzen können. Diese Maschinen werden ihnen vom Staat zur Verfügung gestellt und können durch geringe Abschläge erworben werden. Zusätzlich erhalten die Bauern Starthilfen in Form von Geld und Sozialgaben; Haus, Hof und Tiere werden ebenfalls bereitgestellt. Die Höfe arbeiten in Form von Familienbetrieben, also mit unbezahlter weiblicher Arbeitskraft; in den Statuten der Grünen Revolution findet sich nur ein Mindestlohn für Bauern. Innerhalb der Projekte können sich die Frauen frei bewegen, nur über größere Distanzen benötigen sie männliche Begleitung.

Die Frauen werden durch gezielte Förderung in den Arbeitsprozeß integriert. Innerhalb der landwirtschaftlichen Projekte werden parallel zur üblichen dörflichen Infrastruktur Zentren mit bildungspolitischem und praktischem Anspruch installiert.

Der Bauer verpflichtet sich bei Vertragsabschluß, seine Ehefrau sowie alle weiteren Angehörigen an den Programmen der Zentren teilnehmen

zu lassen. Frauen wie Männer absolvieren den gleichen Unterricht (Alphabetisierung, landwirtschaftliche Grundlagen in der modernen Technik sowie kulturelle und ideologische Inhalte), bleiben allerdings dabei nach Geschlechtern getrennt – Frauen lernen tagsüber, Männer abends. Spezifizierter Unterricht im technologischen Bereich ist Männern vorbehalten, das Konträrprogramm für Frauen besteht in der Vermittlung von Fertigkeiten, welche innerhalb des Hofes zu verrichten sind (Hauswirtschaft, Hygiene, Kinderpflege, Gartenarbeit, Geflügelzucht, Milchverarbeitung u.a.).
Deeb errechnet für 1972, daß 188.815 Frauen zwischen 10 und 60 Jahren im ländlichen Raum leben, davon besuchen 104.187 eine der unten näher beschriebenen Ausbildungsstätten. Das bedeutet, daß die verbleibenden 84.628 Frauen sich ausschließlich der landwirtschaftlichen Arbeit widmen; in den von ihr hinzugezogenen Statistiken werden diese Frauen allerdings nicht als eigene Kategorie genannt.

> *„We are therefore obliged to conclude that women in rural areas in Libya get little credit or recognition for their work and that statistics on rural women do not give a true picture of the reality of the situation in the country but rather reflect common cultural assumptions as to the woman's place society."*
> (Deeb/Deeb, 1982, S. 72)
>
> *[„Es ist naheliegend, daraus zu schließen, daß Frauen in ländlichen Gegenden Libyens wenig Anerkennung erfahren für ihre Arbeit und daß Statistiken über Landfrauen kein stimmiges Bild der dortigen Realität widergeben, aber sie zeigen auf, in welchem Rahmen sich die Frauen bewegen sollen"]*

Diese Form der Arbeitsorganisation, welche die Landflucht der einheimischen Bevölkerung stoppen sollte, bleibt erfolglos. Die Vermutung, daß Libyen das erste voll urbanisierte Land Nordafrikas werden wird, liegt nahe: Für das Jahr 2000 wird eine Urbanisierungsrate von 77% prognostiziert. Ursprünglich sollten im Zuge der von Libyen initiierten diversen Bündnisversuche zur Arabischen Einheit Araber aus den entsprechenden Ländern in Libyen siedeln, doch mit dem Scheitern der angestrebten Fusionen wird auch dieses Vorhaben verworfen. Wegen der geringen Teilnahme am landwirtschaftlichen Besiedlungsprogramm insgesamt werden nun Araber aus anderen Ländern ausschließlich als Arbeitsmigranten aufgenommen, ohne daß ihnen eine dauerhafte Existenzgrundlage zugesichert wird. Heute arbeiten hauptsächlich Ägypter und Tunesier auf den Ackerflächen; im

Kufra-Projekt arbeiten 1985 ca. 20% LibyerInnen, alle anderen kommen aus angrenzenden Ländern.
Die Agrarentwicklungspolitik, die Libyen zum Selbstversorgungsland machen sollte, ist, wie oben schon erwähnt, gescheitert. Nicht zuletzt wegen der Art und Weise der Bebauung des Bodens. Durch den Anbau stark wasserhaltigen Gemüses (mit US-amerikanischer Hilfe!) senkte sich der Grundwasserspiegel um 100 Meter in kürzester Zeit. In diesem Zusammenhang läßt sich die Brisanz des „Great-Man-Made-River"-Projekts erahnen: Der Bau eines künstlichen Flusses, dessen Wasser von einem unterirdischen Süßwassersee im Süden des Landes stammt, soll die landwirtschaftliche Nutzfläche von derzeit 327.000 Hektar um weitere 180.000 Hektar steigern. Um diese Fläche überhaupt bewirtschaften zu können, sieht ein Vertrag zwischen Libyen und Ägypten vor, daß 150.000 Fellachenfamilien mit annähernd 600.000 Personen ins Nachbarland übersiedeln (FR, 30.08.1991). Das ist ein erneuter Versuch, auch ohne politisches Bündnis, die libysche Bevölkerungsdichte mit Hilfe von ägyptischen Familien zu steigern.
Das heißt, daß trotz eingestandener Schwierigkeiten das Selbstversorgungskonzept aufrechterhalten wird (in der heutigen Boykottära sicherlich ein lebensnotwendiges Programm):

> *„Qaddafi führte aus, daß durch 'misconceptions', also die falsche Anwendung der theoretischen Vorgaben, ehemals blühende Farmen und Unternehmen ruiniert wurden, weil die nötigen Arbeitskräfte (Lohnbasis) nicht mehr zur Verfügung standen, anstatt daß sich Individuen als Partner zusammengeschlossen hätten, von denen jeder seinen gleichen Anteil am Produktionswert erhält (...)."*
> (Mattes, 1988, S. 33)

Die frauenfördernden Zentren
Diese ausschließlich Frauen vorbehaltenen Zentren werden vom Sekretariat für Landwirtschaft initiiert und mit Fachkräften aus den Bereichen Landwirtschaft, Sozialarbeit und Pädagogik besetzt.

> *„We do our best to let the rural woman reach the best civilized standard to go side by side with her husband in the farm and the house."*
> (Council of Land, 1977, S. 11)

> *[„Wir bemühen uns sehr, den Frauen aus den ländlichen Regionen den höchsten Standard zu bieten, um mit ihrem*

Ehemann Seite an Seite arbeiten zu können, in der Landwirtschaft und im Haus."]

Im Vordergrund steht die Alphabetisierung. Die Bäuerinnen und deren Töchter sollen die gleichen Möglichkeiten des landesweiten Bildungsprogrammes wie die Städterinnen erhalten. Das einheitliche Programm sieht folgendes vor:

1. Die obligatorische Schulpflicht bis zum 15. Lebensjahr
2. Alphabetisierung aller Projektbewohnerinnen
   – dafür existiert ein Plan für den Zeitraum von 1972-1992
3. Es werden Schulen zur Ausbildung von Krankenschwestern und Krankenpflegehelferinnen sowie Einrichtungen für Gesundheitsfürsorge, soziale Dienste und Ausbildungsplätze für Lehrerinnen eingerichtet
4. Das Ministerium bietet Kurse für Frauen an, die ihr Studium nicht fortsetzen konnten
5. Die Frauen sollen die gleichen Ausbildungschancen im Hochschulbereich erhalten wie die Männer

Alle Bewohnerinnen müssen an den Kursen teilnehmen. Wie der Literatur zu entnehmen ist, lernen die Frauen hauptsächlich die Fertigkeiten zum Führen eines modernen Haushalts. Sie werden in zwei Kategorien eingeteilt, entweder sind sie Hausfrauen, die alle Arbeiten im Haushalt und in der Landwirtschaft tätigen und zusätzlich ihren kulturellen Standard heben oder sie sind ländliche Ausbilderinnen, die alle Probleme im Haus und auf dem Hof zu klären versuchen und anderen Frauen politischen Anspruch vermitteln sollen.

Dementsprechend existieren zwei Arten von Zentren: Die „Zentren zur Förderung der Landfrauen" bieten eine neunmonatige Schulung für Mädchen und Frauen ab dem zwölften Lebensjahr an. Die Schülerinnen erhalten 10 LD pro Monat, verheiratete sogar 20 LD. Der wöchentlich 24-stündige Unterricht besteht zu einem Viertel aus Theorie und zu drei Vierteln aus praktischen Aufgaben; den Kursbesten winken Preise (z.B. eine Nähmaschine). Für die Beaufsichtigung der Kleinkinder ist ebenso gesorgt wie für den Transport in extra bereitgestellten Minibussen. Als Teilnahmebedingung gilt die Zugehörigkeit zu einem Projekt. In der Tripolitanischen Region Jafara existieren 1976 acht Zentren dieser Art (für 1981 sind weitere 13 geplant); Ende 1976 haben dort insgesamt 563 Frauen den Unterricht besucht.

Der Besuch der „Zentren zur weiteren Ausbildung" steht Frauen ab 15 Jahren mit Primarabschluß offen und bietet ein differenzierteres Kursspektrum. Die neunmonatige Schulung wird mit 20 LD monatlich entlohnt.

Diese Zentren sollen qualifiziert ausgebildete Libyerinnen dazu befähigen, Arbeitsmigrantinnen ersetzen zu können, weswegen die Kursabsolventinnen auch bereit sein sollen, nach Abschluß als Ausbilderin mindestens drei Jahre am Ort oder anderswo zu arbeiten. Die einzige Aufnahmebedingung ist auch hier die Zugehörigkeit zu einem Projekt, d.h. Frau oder Tochter eines Landwirts in der Region zu sein. Der Unterricht setzt sich zusammen aus (nach Priorität geordnet):

- Nähen und Sticken
- Anfertigen traditioneller Kleidung
- Hausarbeit in Form von Kochen und hygienischer Hausführung
- Lesen und Schreiben
- Erste Hilfe und Gesundheitsfürsorge
- Religion
- Sozialkunde: Familienrecht und -pflichten, Traditionsvermittlung und nationale Entwicklungspolitik

Geleitet werden diese Kurse von ausgebildeten Lehrkräften und Sozialarbeiterinnen. Die Schülerinnen erhalten das Recht, sich unbegrenzt fortzubilden.

Es wird deutlich, daß die Einbeziehung der Frauen unbedingt notwendig ist, um die Fortsetzung der bestehenden Projekte bzw. deren Erweiterung im Agrarsektor zu ermöglichen.

Heute arbeiten in den landwirtschaftlichen Projekten zwar zum größten Teil Araber aus anderen Ländern, doch das Selbstversorgungsziel bleibt bestehen. So muß weiterhin die Förderung der Frauen auf dem Land gewährleistet werden, um ihnen und ihren Familien genügend Anreize zu bieten, die ländliche Region nicht zu verlassen. Die neue Qualität ihrer Arbeitskraft besteht in der Anforderung, den Umgang mit modernen, technisierten Gerätschaften lernen zu müssen. Die Produktion beschränkt sich nicht mehr auf den familiären Bedarf, die Landwirtschaft wird quasi industrialisiert und verliert dadurch Schritt für Schritt ihre traditionellen Strukturen.

4.6 Partizipation der Frauen am politischen Leben

Hier soll zunächst neben der ideologischen Grundlage vor allem die praktische Umsetzung in Form von Gesetzen und deren Folgen im Mittelpunkt stehen; wir beziehen uns dabei auf Bereiche, die wir bisher nicht oder nur am Rande erwähnt haben. So interessieren uns sowohl die Partizipation der Libyerinnen am öffentlichen Leben und an den politischen Struktureinheiten des Systems (Basisvolkskongresse, Allgemeine Volkskonferenz, Sekretariate) als auch die Organisierung der Frauen untereinander. Uns ist bewußt, daß wir damit die übliche Definition von „politisch", d.h. in der Trennung von „privat" verwenden und nicht die Wichtigkeit der internen, nicht-öffentlichen Politik innerhalb der Familien, die zumeist den Frauen obliegt, berücksichtigen.

Prinzipien des Grünen Buches

Wie schon beschrieben, postuliert Gaddafi im Grünen Buch die Gleichheit der Geschlechter in der biologischen Unterschiedlichkeit.
Die in „Übereinstimmung mit der Natur" entsprechenden Geschlechterrollen stellen „die Grundregeln für Freiheit" (S. 102) dar.

> *„Denn alle Lebewesen sind frei geschaffen und jede Beeinträchtigung dieser Freiheit bedeutet Zwang."*
> (S. 102)

Die „Verwischung von Mann und Frau" ist „rückschrittlich" (S. 103) und „unzivilisiert" (S. 105), da sich dieses gegen das Leben selbst richtet. Insofern sind die Emanzipationskonzepte der modernen westlichen Industriegesellschaften abzulehnen – sie bedeuten einzig die Angleichung der Frau an den Mann. Durch eine weltweite Revolution muß eine neue Gesellschaft geschaffen werden, in der Frauen nicht mehr wie in den Industriestaaten gezwungen sind, sich als Arbeitskräfte zu verdingen oder gar auf die Mutterschaft zu verzichten, sondern sich zu ihren Rollen bekennen können, ohne deswegen benachteiligt zu sein.

> *„Es muß für beide (Geschlechter, d.V.) allgemein gültige Bedingungen geben, unter denen sie ihre natürlicherweise verschiedenen Rollen leben und verwirklichen können."*
> (S. 93)

Und obwohl sich Gaddafi gegen die „Diskriminierung zwischen Mann und Frau" ausspricht, weil dies „ein flagranter Akt der Unterdrückung" (S. 92) sei, tritt er gleichzeitig für gewisse Vorrechte der Frau ein, so im Rahmen

von Mutter- und Arbeitsschutzgesetzen, da sich „(d)ieses Privileg (…) im Einklang mit ihrer Natur, auf der ihre natürliche Rolle im Leben beruht“ (S. 100) befindet.
So soll in Gaddafis Vision einer neuen Gesellschaft die Frau in Freiheit die ihr von der Natur zugedachten Rollen selbst und vor allem freiwillig finden:

> *„(Das Grüne Buch, d. V.) (…) factually states the situation woman currently finds herself in, a situation in which she ist abstractly formed. It wishes to lighten her obligations and leave her the freedom of choice. And, when it leaves her this liberty, we see that woman acts as a woman.“*
> (Al Quadhafi, 1979, S. 117)
>
> *[(…)zeigt auf, in welcher Rolle sich die Frauen befinden, eine ihr angepaßte Rolle. Es will ihre Art und Weise offen darlegen und ihr Entscheidungsfreiheit bieten.]*

Umsetzungen
Schon kurz nach der Septemberrevolution macht der „Bund der freien Offiziere“ deutlich, daß er die Stellung der Libyerinnen neu definieren und die Frauen in das öffentliche Gesellschaftssystem integrieren will. Entsprechend sollen staatliche Maßnahmen die Politisierung und Mobilisierung der weiblichen Bevölkerung vorantreiben. Parallel zu den Anstrengungen, Frauen jeglichen Alters an Bildungsprogrammen, an beruflichen Maßnahmen und in der Armee teilnehmen zu lassen, richtet der Staat landesweit besondere Ausbildungslager für Mädchen ein, wo diese u.a. in revolutionärer Theorie geschult werden. Als Auszeichnung kann anschließend der Besuch des „zentrale(n) Ausbildungslager(s) für künftige Frauenführerinnen“ (Der Tagesspiegel, 18.01.1979) in Tripolis folgen.
Der „Allgemeine Nationalkongreß der Arabischen Sozialistischen Union“, der die höchste Autorität der Partei innehat, setzt sich entsprechend seiner Funktion als Gesamtverband der verschiedenen Organisationen aus deren VertreterInnen zusammen. Festgelegt ist die Teilnahme der Delegierten funktionaler Organisationen der einzelnen Regionen, der Streitkräfte und der Sicherheitsorgane sowie der Gewerkschaften, aber auch von Personenkreisen, deren Partizipation ansonsten nicht gewährleistet wäre: Repräsentanten der Jungendorganisationen (die ASU-Mitgliedschaft ist erst ab 18 Jahren möglich) und „zwei oder mehrere Vertreterinnen aus dem Führungskomitee der Frauenorganisation“, deren „gesamtgesellschaftliche Diskriminierung“ (Mattes, 1982, S. 125) das Teilnahmehindernis wäre.

Als der 1. Allgemeine Nationalkongreß auf seiner 1. Tagung vom 28.03.-08.04.1972 mit insgesamt 350 Delegierten (darunter mindestens zwei Frauen!) tagt, verabschiedet er zur Innenpolitik 19 Resolutionen, deren letzte wie folgt lautet:

> *„Der Allgemeine Nationalkongreß ruft zur Respektierung der Frauen und der Bestätigung ihrer Rechte auf, wie sie im Islam festgeschrieben sind, damit sie ihre Rolle bei der revolutionären Transformation und dem Ausbau der Gesellschaft übernehmen können."*
> (zit. n. Mattes, 1982, S. 156)

Trotz Gaddafis mehrmaliger Befürwortungen, Frauen in die ASU verstärkt aufzunehmen, so in seiner Rede am 28.08.1971 in Tarhuna:

> *„Die Frauen haben wie die Männer das Recht auf Mitgliedschaft in der ASU ... wir wollen die Frauen als Mitglieder in der ASU haben und wollen, daß sie für die Komitees kandidieren ..."*
> (zit. n. Mattes, 1982, S. 146 Anm. 1),

... bleibt die Beteiligung von Frauen infolge der tradierten Geschlechtertrennung gering. Als sich mit der Umsetzung der Dritten Universaltheorie Basisvolkskongresse formieren sollen, starten die Sekretariate für Mobilisierung und Organisation unterschiedliche Initiativen, um der weiblichen Bevölkerung die Teilnahme zu ermöglichen. Es werden dem überlieferten Wertesystem gemäß geschlechtergetrennte Basiseinheiten eingerichtet, mit der Betonung, daß die Parallelität dieser unterschiedlich konstituierten Basisvolkskongresse nicht die Abwertung der Frauenkongresse bedeuten dürfe. Erneut ruft Gaddafi die gesamte Bevölkerung dazu auf, am politischen System aktiv teilzunehmen und appelliert nachdrücklich an die Männer, ihre Ehefrauen, Mütter und Töchter mit in die Kongresse zu bringen oder ihnen zumindest die Beteiligung an den Frauenkonferenzen zu erlauben, damit nicht allein die Männer die politischen Entscheidungen treffen, sondern ebenso die Frauen ihre Sichtweise einzubringen vermögen. Karen Gellen beschreibt den Diskussionsverlauf innerhalb eines BVK im Oktober 1978, und resümiert: „Das Treffen war hauptsächlich von Männern besucht". Souriau registriert nur zwei weibliche Delegierte in der AVK desselben Jahres.

1979 schlägt eine Gruppe von Libyerinnen eine Mindestbeteiligungsklausel für Frauen in den BVK vor, um verstärkt Frauen mehr Entscheidungsgewalt zu geben und der sogenannten Frauenproblematik in den gemischten

Volksorganisationen Raum zu verschaffen. Nach unseren Informationen hatte diese Kampagne wenig Erfolg.
Karam Khella verzeichnet eine steigende Tendenz aktiver Frauen; 1980 seien ungefähr 20.000 in den Kongressen involviert. Bei unserem Interview mit den Funktionärinnen am 29.07.1991 erfahren wir, daß 40% aller Frauen an den BVK teilnehmen, zudem gäbe es 150 weibliche Vorsitzende.
1989 schließlich wird von der Allgemeine Volkskonferenz mit der Wahl von Salnim Ali al-Uraibi als stellvertretende Generalsekretärin das Generalsekretariat des AVKs (also die „Regierung") von vier auf fünf Personen erweitert; desweiteren steht mit Fahima Abd al-Hafiz Mukhtar erstmalig eine Frau an der Spitze eines Sekretariats im Allgemeinen Volkskomitee – sie wird Sekretärin („Ministerin") für Erziehungswesen. Im Jahr darauf setzt die AVK (09.03.1990) sie wieder ab. 1992 vergrößert sich das oben genannte Generalsekretariat abermals. Unter den nun sieben SekretärInnen befindet sich Salma Rashid, eine der zwei VizegeneralsekretärInnen, die das (auf Drängen Gaddafis) neu eingerichtete Sekretariat für Frauenangelegenheiten leitet.
Seit April 1989 existiert ein Gesetz, das Frauen zum Amt der Richterin und Staatsanwältin zuläßt. Im gleichen Jahr wird eine Quotenregelung für den Vorsitz der verschiedenen Volksorganisationen gesetzlich vorgeschrieben. Diese Besetzungsparität soll die Gleichstellung der Frauen auf höchster politischer Ebene garantieren. Die Frauen von der Frauenunion, mit denen wir uns am 30.07.1991 unterhielten, betonten ausdrücklich, daß diese „Vorsitzende-Helferinnen" gleichberechtigt dem „Minister" zur Seite gestellt sind und sich untereinander treffen, um Probleme auszutauschen. Angeblich existiere ebenso die umgekehrte Form, daß also der „Vorsitzende-Helfer" der „Ministerin" gleichgestellt ist.

Frauenorganisationen

> *„Damit die libysche Frau ihre Rolle in positiver Weise ausüben kann, ist es nötig, daß sie sich einer Frauenvereinigung anschließt."*
> (Gaddafi auf der 1. Frauenkonferenz in Tripolis am 25.07.1970, zit. n. Mattes, 1982, S. 330)

Sämtliche Frauenorganisationen, die schon während der Monarchie bestanden, werden durch Neugründung einer der ASU unterstehenden „Frauenunion" am 23.10.1972 formal abgelöst. Die gleichen Frauen finden sich in der einheitlichen „Frauenunion" wieder. Die „Frauenunion" vereinigt zu dieser Zeit als Dachverband die regionalen revolutionären Frauenvereinigungen und fungiert als Artikulations- und Diskussionsforum der sogenannten Frauenproblematik.
Auf dem Hintergrund der sich 1975 vollziehenden Transformation der politischen Machtstrukturen (Reorganisation der ASU, Bildung der AVK und der BVK) im Sinne der DUT konstituiert sich auch die „Frauenunion" neu. Als Grundlage dazu dient das Gesetz 106/1975 vom 30.11.1975, welches die verschiedenen Aufgabengebiete entsprechenden Frauenorganisationen zuordnet:

> *„Art. 1 ruft 1. die Frauen (...) zur Bildung von revolutionären Formationen auf, um die Frauen an die politische Arbeit heranzuführen und zu mobilisieren und fordert 2. die Bildung von Frauenvereinigungen zur Arbeit im sozialen und kulturellen Bereich."*
> (Mattes, 1982, S. 473)

Die „Revolutionären Formationen der arabischen Frau" und die „Frauenvereinigungen" bilden die „Allgemeine Frauenunion", deren Verantwortlichkeit in der generellen Planung der politischen, sozialen und kulturellen Arbeit liegt. Bis Mitte 1978 gründen sich 43 „Revolutionäre Formationen" und 34 „Frauenvereinigungen", 1979 existieren landesweit etwa 20 Zentren der Union.
Die „Allgemeine Frauenunion" teilt sich organisatorisch in drei Sekretariate auf, die sich ihrerseits in einzelne Geschäftsbereiche untergliedern:

a) das Sekretariat für allgemeine Aktivitäten umfaßt je ein Komitee für Angelegenheiten von berufstätigen Frauen, für familiäre Belange sowie für Verbindungen zu anderen Verbänden
b) das Informationssekretariat besteht aus dem Komitee für Information, dem für Bildung und dem für militärische Schulung

c) das Sekretariat für Organisation schließlich vereint Komitees für Dienstleistungen, für Administration und finanzielle Angelegenheiten, sowie eines zur Überprüfung von Beschlüssen und deren Ausführung

Jedes Sekretariat führen vier ausgewählte Funktionärinnen, welche aus möglichst verschiedenen Landesregionen kommen sollen. Neben der Programmerarbeitung engagiert sich die „Allgemeine Frauenunion" hauptsächlich im sozialen Bereich. Es läßt sich schwer feststellen, ob nun der Dachverband oder aber die Frauenvereinigungen die folgenden Projekte initiiert hat. Mattes schreibt die Aktivitäten im Bildungs- und Gesundheitsbereich den Vereinigungen zu, da diese im Gesetz 106 von 1975 auf „Unterstützung der 'sozialen Revolution' und der Bewußtmachung der Frau für ihre Pflichten gegenüber 'der Familie, der Arbeit und der Produktion'" festgelegt sind. Es ist wahrscheinlich, daß sich die Trennung der beiden Frauenassoziationen auf die Organisationsstruktur bezieht, die Praxis aber ein Auseinanderdividieren der jeweiligen Gruppen nicht zuläßt.
Die „Frauenvereinigungen" bieten im Rahmen der „Frauenunion" Bildungskurse aller Art an, lassen Unterricht in Hygiene, Kinderpflege und Haushaltsführung geben; ihnen unterstehen Krippen und Kindergärten. In Zusammenarbeit mit diversen Volkskomitees entstehen Gesundheitszentren, Einrichtungen für Schwangere etc. Ein weiterer Schwerpunkt der Union liegt auf der öffentlichen Ebene; so nimmt die Frauenunion an gemischten Treffen teil, organisiert aber ebenfalls eigene, Frauen vorbehaltene Kongresse, landesweit und international.
Ein großes Problem stellt das Stadt-Land-Gefälle dar: obgleich spezielle Programme für die weibliche Landbevölkerung initiiert werden (1972 existieren schon 18 Zentren für die Weiterbildung von Landfrauen), bleibt die Mehrzahl der Projekte und Aktivitäten auf die Städte begrenzt, vorzugsweise in Tripolis, was die „Frauenunion" bereits 1978 beklagt. Die mangelnde Partizipation der Landbewohnerinnen liegt nicht unbedingt am Desinteresse oder am fehlenden Engagement der Frauengruppen; häufig bleibt den Frauen aufgrund ihrer zeitintensiven Arbeit kaum Möglichkeit, sich an Aktivitäten zu beteiligen.
Politik im engeren Sinne, d.h. Politisierung und Mobilisierung der weiblichen Bevölkerung, ist der Zuständigkeitsbereich der „Revolutionären Formationen der arabischen Frau"; ihre Aufgaben sind im Gesetz 106/1975 aufgeschlüsselt:

1) Verbreitung des revolutionären Bewußtseins durch Veranstaltung von Seminaren und Ausstellungen
2) Durchführung von Schulungslagern zur Vertiefung der Prinzipien der Septemberrevolution

3) Aufruf der Frauen zur Waffenausbildung
4) Information über die Rolle der Frauenvereinigungen und die daraus resultierenden positiven Ergebnisse
5) Konsolidierung der Traditionen und Einflußnahme auf die Frauen, nichts zu übernehmen oder zu tun, was ihrer Natur (als weibliche Wesen) widerspricht
6) Herstellung von Kontakten zu anderen arabischen Frauenorganisationen und Verkündung der libyschen Prinzipien
7) Sozialarbeit durch Familienbesuche
8) Verkündung der „neuen Kultur" an jedem Ort
9) Aufruf zum revolutionären Wandel sowohl in Libyen als auch der arabischen Welt
10) aktive Teilnahme am Schutz der Septemberrevolution
(zit. n. Mattes, 1982, S. 474)

Leider stehen wir auch bei den revolutionären Formationen vor Widersprüchlichkeiten innerhalb der Quellen. Während Bearman das Gründungsjahr der „Revolutionary Women`s Formation" mit 1979 angibt, die Anfänge aber im Jahr davor durch die spontane Formierung von 30 revolutionären Frauengruppen sieht, beschreibt Souriau die Betätigungsfelder wie Mattes, nennt die entsprechenden Gruppen jedoch „Comitées révolutionaires féminins", von denen 1976 schon 30 Gruppen existieren.
Es ist offensichtlich, daß es – sofern die Quellen stimmen – in den 70er Jahren mehrere Frauenassoziationen mit ähnlichen Zielen gab und sie in den unterschiedlichen Phasen des Systems unter verschiedenen Namen und/oder jeweiligen Kompetenzverschiebungen arbeiteten.
„Revolutionäre Frauenkomitees" haben ein „Grünes Buch der Frauen" formuliert, in dem sie die Ideen der Septemberrevolution und die Rolle der Frauen in dem neuen gesellschaftlichen System erläutern.

Es gilt festzustellen, daß eine stärkere Partizipation der Libyerinnen an der direkten Demokratie, d.h. an BVKs, Komitees, AVKs teilzunehmen, schwieriger umzusetzen ist als die Organisierung der Frauen untereinander. In einer Gesellschaft, deren sozio-kulturelles Erbe auf Geschlechtertrennung beruht, ist das Engagement von Frauen für Frauen eher akzeptiert als gemeinsame Aktivitäten mit Männern. Dementsprechend werden politische Frauenaktionen geachtet und finanziell unterstützt, sofern sie unter sich und im gesellschaftlich gesteckten Rahmen bleiben und nicht die Ambitionen besitzen, die Verantwortung der Männer zu benennen oder gar einzufordern. Die Libyer erklären sich nicht zuständig für die sogenannte Frauenproblematik; die etwas liberaleren halten Frauenaktivitäten für wichtig, ohne zu

reflektieren, daß die Frauendiskriminierung kein spezifisch weibliches, sondern vielmehr ein gesellschaftliches Problem darstellt. Die Libyerinnen werden also ihres Geschlechtes wegen weniger als selbstverantwortliche Subjekte denn als soziale Gruppe betrachtet.
Verdeutlichen läßt sich ihr Minderheitenstatus mit dem Faktum, daß die Frauenunion, wie andere Gruppen und Verbände auch, in dem Regierungsapparat integriert ist.
Ein Hemmschuh stellt sich desweiteren mit der historischen Misere, die die Anfänge einer Frauenbewegung im Vergleich zu anderen arabischen Ländern, erst spät zuließ.
In diesem Kontext wird auch die Forderung des Revolutionsführers nach einer „union politique féminine“ (La Presse de Tunisie, 01.08.1991) verständlich. Diese solle die Mobilisierungsverantwortung für die weiblichen Massen tragen, damit sich die Frauen stärker in den männlich dominierten Volksorganisationen beteiligen. Es handelt sich also darum, Frauen mehr Raum und Möglichkeiten zu bieten, ihre Interessen in allen gesellschaftlich relevanten Bereichen zu vertreten. Angestrebt wird jedoch nicht, innerhalb der politischen Einheiten und in den Köpfen der Männer etwas zu verändern oder gar die reale Geschlechtersegregation zu revolutionieren.
Die Priorität von Ehe, Familie und vielen Kindern im Leben der Libyerinnen bleibt, allein schon wegen der Einstellung zur Geschlechterkomplementarität, unangetastet, so daß eine Integration der Frauen in die herkömmliche, öffentliche Politik kaum ihrem Bevölkerungsanteil entsprechend realisiert wird.

4.7 Volksbewaffnung

Artikel 16 der Verfassungserklärung von 1969 sieht die Einführung der Wehrpflicht vor. Gaddafi verspricht in den darauffolgenden Jahren mehrmals, daß die Waffen an das Volk verteilt werden. Die Einbeziehung der weiblichen Staatsbediensteten und Studentinnen in das allgemeine Militärtraining (ab 01.01.1975) laut Wehrdienstgesetz vom 19.12.1974 ruft jedoch Proteste der religiösen Opposition hervor.
Gaddafi verteidigt die Einberufung der weiblichen Bevölkerung in seiner Rede am 29.12.1976:

> *„Wenn wir den Frauen Militärisches beibringen, so dient das der Sicherheit innerhalb der Häuser und unserer Dörfer, während Männer auf dem Schlachtfeld sind."*
> (zit. n. Mattes, 1982, S. 321)

Als Anfang 1977 in Sabha, eine Stadt im Fezzan, die 1. Allgemeine Volkskonferenz die libysche Jamahiriya proklamiert, ruft diese in Artikel 4 der Erklärung erneut das gesamte Volk, also Männer und Frauen, zur Landesverteidigung auf. Im Jahr darauf legt das Einberufungsgesetz den obligatorischen Militärdienst von drei bis vier Jahren für alle im Alter von 18 bis 35 Jahren fest; diese Maßnahme wird als nationale Notwendigkeit erklärt. Einzige Ausnahme davon bilden die StudentInnen während ihrer Ausbildung. Ende 1978 beschließen die Basisvolkskongresse im Rahmen der 4. Sitzung der Allgemeinen Volkskonferenz mit der Mobilisierung der Städte zur Fortführung der allgemeinen Militärausbildung einen weiteren Schritt zur Volksbewaffnung. Angestrebt wird die Landesverteidigung durch eine 500.000 Personen zählende Volksarmee. 1980 soll mit der Militarisierung einzelner Institutionen (Fabriken, Schulen, Universitäten etc.) die Fähigkeit zur Selbstverteidigung eingeleitet werden. Ein entsprechendes Gesetz sieht den Aufbau und die Politisierung von Volksmilizen im Sinne der DUT vor. Ab 1982 nehmen die Militärakademien auch junge Frauen zur Ausbildung auf. Die „Große Grüne Deklaration der Menschenrechte (...)" vom Juni 1988 verankert abermals in Artikel 25 die Wichtigkeit der „kollektive(n) Verteidigung" der libyschen Gesellschaft. Diese zu schützen „(...) ist Pflicht eines jeden Bürgers, ob Mann oder Frau."
Das Konzept dieser Volksbewaffnung läßt sich – wie Gaddafi es auch tut – mit Stellen im Koran legitimieren: mit den Suren 2,250; 3,200; 8,61 und 9,41.

Für die Einbeziehung der Libyerinnen findet Gaddafi neben Begründungen in der Religion auch welche in den arabischen Traditionen:

„La présence des femmes sur les palanquins accompagnant autrefois les hommes partant à la guerre représentait un geste de défi et de provocation, au même titre qu'aujourd'hui la présence des religieuses révolutionnaires (so werden die Soldatinnen bezeichnet, d. V.). Nous donnons ainsi aux anciens symboles une expression moderne et efficace, en conformité avec l'ère des masses, et nous donnons à l'homme, comme le souhaite Dieu, son humanité et sa liberté."
(zit. n. Graeff-Wassink, 1987, S. 150)

[„Die Frauen in den Sänften, die früher die Männer in den Krieg begleiteten, stellten eine Geste der Herausforderung dar. Genauso wie heute die Präsenz der „Nonnen der Revolution" (so werden die Soldatinnen bezeichnet, d.V.) provozierend wirkt. Wir geben so den alten Symbolen einen modernen und wirkungsvollen Ausdruck, konform mit der Ära der Massen, und wir geben dem Menschen, wie es Gott wünscht, seine Menschlichkeit und seine Freiheit."]

Frauen im militärischen Bereich
Am 02.02.1979 wird die Frauenmilitärakademie in Tripolis eröffnet, nachdem sich Gaddafi schon 1978 für eine derartige Einrichtung aussprach. Die Akademie ist wie ein Internat konzipiert.
Zum allgemeinen Militärdienst befragt, äußert der Revolutionsführer in einem Interview:

„Unsere Raketen werden von Studentinnen bedient. Diese Raketen sind auf Basen weit weg von Schlachtfeldern installiert. Die Frauen können also Raketen abfeuern und Ziele treffen, ohne selbst in die Schlacht verwickelt zu werden."
(Der Spiegel, 21.07.1980, S. 94)

Das militärische Grundtraining ist schon während der Schulzeit obligatorisch. Es besteht in der Oberstufe in dreimonatigem Unterricht, wobei der Gebrauch von leichten Waffen ebenso gelehrt wird wie das Fahren von Militärfahrzeugen, Nachrichtenübertragung und -codierung; Kenntnisvermittlungen im administrativen Aufgabenbereich gehören ebenfalls dazu.
Die Durchsetzung der Dienstpflicht für Mädchen und junge Frauen stößt von Anfang an auf Widerstand: Der Großmufti Sayh T. az-Zawi kritisiert diese Maßnahme aufs Schärfste. Im Februar 1984 unterbindet die AVK auf-

grund ablehnender Beschlüsse zahlreicher BVK die militärischen Übungen an Schulen. Auf dieses Verbot hin demonstrieren „Tausende von Frauen für ihr `Recht auf militärische Ausbildung'“ (NZZ, 05.10.1984). Daraufhin hält Gaddafi am 15.02.1984 vor der Konferenz eine Rede, in der er u.a. die Wichtigkeit der militärischen Grundbildung für Frauen herausstreicht. Mitte März desselben Jahres heben die BVK ihre Beschlüsse wieder auf, um dem Wehrdienst zuzustimmen.

Die Frauenmilitärakademie

Die Frauenmilitärakademie steht Libyerinnen und anderen Araberinnen zwischen 17 und 25 Jahren offen und bietet zwei Ausbildungswege an: Junge Frauen, welche nach Beendigung der neunjährigen Schulpflicht der Akademie beitreten, können sich innerhalb von sechs Monaten zu Soldatinnen ausbilden lassen. Nach dem Abschluß gehen diese Frauen häufig als Ausbilderinnen an die Oberstufen der Schulen oder unterrichten in Einrichtungen für verheiratete Frauen, welche sich auf freiwilliger Basis militärisch schulen lassen wollen. Frauen mit zwölfjähriger Schulbildung erhalten die Chance zur Offizierinnenschulung, die zwei Jahre dauert. Voraussetzung für beide Berufsgrade sind neben dem obengenannten Alter und der libyschen bzw. arabischen Nationalität, eine ausreichende physische Konstitution, revolutionäres Bewußtsein sowie die Zustimmung des Vaters.
Die Offiziersanwärterinnen verpflichten sich für fünf Jahre und können bei Bedarf das Abitur nachholen oder auch universitäre Kurse ihrer Wahl belegen. Im zweiten Ausbildungsjahr wird eine Spezialisierung angeboten: die Frauen können zwischen Verwaltung, Verteidigung, Kommunikation und dem Nachrichten- und Erkundigungsbereich wählen.
Das Programm der Akademie stimmt in Theorie und Praxis mit dem der anderen Militärakademien überein; eine Ausnahme bilden diejenigen Übungen, welche als zu hart angesehen werden wie beispielsweise Nahkampf. Zudem sollen die Frauen im Ernstfall vorzugsweise die Versorgungs- und Transporteinheiten leiten, Wartungsarbeiten ausführen oder die Gefechtswaffen vorbereiten. Darüberhinaus ist ihr Einsatz in den Volksmilizen vorgesehen.
Die Soldatinnen werden trotzdem am gesamten Waffenarsenal geschult; die NZZ vom 05.10.1984 berichtet von Berufssoldatinnen bei der Marine, bei den Panzertruppen sowie von Pilotinnen. Auch Noelle Dewarin erwähnt, daß sie bei der Parade zur Feier des zehnten Revolutionstages Soldatinnen an den Raketenwerfern gesehen habe.
Den Offiziersanwärterinnen steht nach Beendigung der zweijährigen Ausbildung, sofern sie sich nicht einer militärischen Einheit (zumeist in ihrem Heimatort) zuweisen lassen, die Möglichkeit der Weiterbildung zu. So ist

eine Spezialisierung auf einer (gemischten) höheren Militärakademie der Marine oder Luftfahrt ebenso möglich wie der Verbleib an der Frauenakademie, in diesem Fall als Ausbilderin.
Trotz des harten Trainings erfreut sich die Akademie regen Zulaufs von jungen Frauen aller Schichten. 1982 machen die Offizierinnen schon 10% des gesamten Berufsstandes aus. Gab es anfangs ausschließlich männliches Lehrpersonal im theoretischen und praktischen Unterricht, schreibt Maria Graeff-Wassink, daß der Anteil der Ausbilderinnen (alles ehemalige Akademieabsolventinnen) mittlerweile auf über 50 Frauen gestiegen sei.
Seit 1986 arbeitet dort eine stellvertretende Direktorin. Von 1979-1986 bildete die Einrichtung über 2.000 Soldatinnen und ca. 1.200 Offizierinnen aus, wobei die Durchfallquote bei 1-2 % lag.
Souriau zufolge existiert bereits eine zweite Frauenmilitärschule, welche ebenfalls an eine Universität angegliedert ist.
Die propagierte allgemeine Volksbewaffnung zielt in erster Linie auf eine gesteigerte Wehrhaftigkeit der Jamahiriya: Je mehr Menschen an Waffen geschult werden, desto leichter erscheint die Mobilisierung im Verteidigungsfall. Vor diesem Hintergrund stellt sich die Einbeziehung der Frauen in die Männerdomäne Militär als ein notwendiger quantitativer Akt dar. Der steigende Bedarf an kompetenten Ausbilderinnen war im Übrigen ein Argument Gaddafis, um die Zulassung von Frauen in Militärakademien zu untermauern. Zugleich erklärt der Revolutionsführer diesen Schritt ebenso als emanzipatorischen Sprung: Der Dienst an der Waffe verhelfe den Libyerinnen zur Gleichberechtigung.
Graeff-Wassink zitiert eine Rede von Gaddafi:

> *„Les femmes ne seront libres et respectées, elles n` exerceront leurs droits, que lorqu'elles seront fortes et posséderont toutes les armes: les armes à feu comme celles de la science, de la conscience, de la culture et de la révolution."*
> (zit. n. Graeff-Wassink, 1987, S. 149)
>
> *[„Die Frauen werden nur frei sein und respektiert werden, sie werden nur ihre Rechte geltend machen können, wenn sie stark sind und alle Waffen besitzen:*
> *Schußwaffen, die Waffen der Wissenschaft, des Bewußtseins sowie der Kultur und der Revolution."]*

Das Militär bietet den Arbeitsgesetzen entsprechend den weiblichen sowie den männlichen Armeeangehörigen gleichen Lohn, gleiche Arbeitszeit, einen krisenfesten Beruf bis zur Pensionierung sowie gute Karrierechancen. So rekrutiert Gaddafi von der Militärakademie seine Leibwächterinnen, die ihn auch bei offiziellen Anlässen ins Ausland begleiten (Der Spiegel, 09.08.1982, S. 107f; taz, 06.09.1989 u. Stuttgarter Zeitung, 07.09.1989). Die Presse veröffentlicht nur zu gerne Fotos vom Revolutionsführer mit seiner weiblichen Leibgarde (Der Spiegel, 09.08.1982, S. 108 u. Times, 17.10.1989).

Sicher verläuft die Umsetzung des Pflichtwehrdienstes für Frauen nicht ohne Reibungen wie auch die allgemeine Volksbewaffnung bisher nicht vollständig umgesetzt wurde. Es scheint sich aber langsam durchzusetzen, daß die Armeezugehörigkeit für Frauen nichts Schlechtes bedeuten muß. Inwieweit sich das Bild der Berufssoldatin hat behaupten können, ist schwer einzuschätzen. In einer Umfrage von 1985 stellt sich heraus, daß die befragten StudentInnen und ihr (nicht näher definiertes) soziales Umfeld die Teilhabe der weiblichen Bevölkerung an der Militarisierung und nationalen Verteidigung größtenteils akzeptieren. Die Autorin betont gleichfalls die Kritikpunkte an der Frauenmilitärakademie, ohne jedoch zu erläutern, welche Personengruppen sie äußern. Vor allem werden dabei Befürchtungen laut wie: diese Einrichtung verstoße gegen Sitten und Gebräuche, entferne die jungen Frauen von ihren Eltern, außerdem sei es üblich, daß Mädchen bis zur Heirat bei den Eltern wohnen bleiben und nicht im Internat, schließlich gäbe es im Internat keine Garantie für moralisches Verhalten. In dieser Umfrage teilten die Studentinnen von der Militärakademie wie auch diejenigen von der Universität Tripolis übereinstimmend mit, daß sie selbst keinerlei Widerspruch zwischen ihrem Berufsweg und der Beibehaltung der Traditionen und insbesondere der religiösen sehen. Sie stehen zu den progressiven, den heutigen Verhältnissen angepaßten Interpretationen des Islam wie auch zu der Wichtigkeit der familiären Bezüge. Ebenso deutlich machen das die von der Presse interviewten Berufssoldatinnen; selbst wenn sie anfangs wegen ihrer Berufswahl Schwierigkeiten mit ihren Vätern gehabt haben sollten, deswegen schon für verrückt gehalten wurden, würden sie nunmehr rundum akzeptiert (Der Spiegel, 09.08.1982, S. 108 u. NZZ, 05.10.1984).

5. REISEEINDRÜCKE

5.1 Tagebuch des Studienaufenthaltes

Die „Jamahiriya Foundation"/Hamburg organisiert in Zusammenarbeit mit der Internationalen Mathaba, der Organisation zur Kooperation mit Befreiungsbewegungen, im Sommer 1991 eine dreiwöchige Fahrt nach Libyen. Die Studienreise vom 16.07.-06.08.1991 verspricht, uns die Dritte Universaltheorie anhand von Seminaren und Diskusionen näherzubringen; Besichtigungen oder Rundreisen sind von vornherein kaum vorgesehen. Die Reisegruppe besteht aus 13 zusammengewürfelten TeilnehmerInnen. Das „Green World Institute" der „Mathaba", in dem die Seminare stattfinden, steht allen offen, die an der libyschen Jamahiriyatheorie (Staat-der-Massen-Theorie) interessiert sind.

Dienstag, 16.07.

Wir fliegen mit der Fluggesellschaft „Libyan Arab Airlines". Die uns bedienenden grüngekleideten Stewardessen und Stewards verrichten die gleichen Arbeiten; die Frauen sind kaum geschminkt.
Wir landen bei Nacht; in der Flughalle leuchten uns Leitsätze aus dem Grünen Buch auf Arabisch und Englisch entgegen. Wir werden in einem Kleinbus durch die Straßen gefahren, von einer Seite Tripolis zur anderen, um dann in unserer umzäunten und mit Pförtner versehenen Unterkunft anzukommen. Diese Unterkunft ist ein ehemaliges Camp einer bundesdeutschen Firma und befindet sich außerhalb der Stadt. Um in die Stadt zu kommen, sind wir auf einen uns zur Verfügung gestellten Kleinbus mit Fahrer angewiesen.

Mittwoch, 17.07.
Die erste Stadtfahrt: Wir sehen vormittags wenig Menschen auf den Straßen. Die Frauen, die wir zu dieser Tageszeit sehen, sind überwiegend in weißes Tuch gehüllt. Mädchen sehen wir kaum.

Donnerstag, 18.07.
An diesem Tag ändert sich für uns das Straßenbild. Es ist Nachmittag, mehr europäisch gekleidete Frauen bewegen sich auf der Straße und auch einige autofahrende Frauen fallen uns auf. Schon hier bestätigt sich optisch, daß es DIE Libyerin nicht gibt: die Kleidung variiert von völliger Bedeckung durch weißes Tuch, über moderne Kopfschleier und dazu verschieden lange Bekleidung bis zur europäischen Sommermode.
Im Postamt erhalten wir Sonderbriefmarken mit Bildern von der Frauenmilitärakademie.
Dann bewegen wir uns in Kleingruppen vom neuen Zentrum dem Souk (Markt) in der Altstadt entgegen. Dort angelangt, befinden wir uns unter vielen, sich gegenseitig drängelnden Menschen. Die fliegenden Händler sind zumeist Männer, in den Läden ausschließlich. Einige Frauen bieten ihre Ware (zumeist Silberschmuck) unter Arkaden feil. Nach diesen Eindrücken werden wir im Kleinbus an einen Strand gefahren, um uns nach den ersten Unterrichtsstunden einen Ausgleich zu ermöglichen. Hier halten sich wenig Frauen auf. Wenn sie ein Bad nehmen, dann vollständig bekleidet. Dieses Bild bietet sich uns auch an den anderen Strandbesuchstagen, obwohl wir auch mal ein oder zwei Frauen im Badeanzug sehen. Die Mädchen hingegen bewegen sich im Bikini.

Freitag, 19.07.
Wir ziehen erste vorsichtige Schlüsse:
- DIE Libyerin existiert nicht (… wäre ja auch ein Wunder …)
- alle Eindrücke dieser zwei Tage, sahen wir durch unsere europäische Brille
- während bei uns die Erwerbstätigkeit auch mit der Suche nach sozialen Kontakten in Zusammenhang steht, haben arabische Frauen unter Umständen diese Kontakte innerhalb ihrer Großfamilien und in den Hausgemeinschaften
- was hier Familie, Stamm, Nation bedeuten, ist für uns nicht nachzuempfinden und es bleibt der Versuch, dies gedanklich nachzuvollziehen.

Eine deutsche Frau erzählt uns, daß sie auf einer vorherigen Reise mit drei Libyerinnen, alle mit gut bezahlter Arbeit, gesprochen habe. Diese Frauen würden gern heiraten, eine Familie gründen und gleichzeitig ihrer Erwerbsarbeit weiter nachgehen, stießen aber schnell auf das Problem, keinen ihnen entsprechenden Mann zu finden: einen, der eine berufstätige Frau neben sich dulden würde. Von der gleichen Schwierigkeit hätten auch Frauen aus der Militärakademie gesprochen. Dieses Problem wiegt sehr schwer, da die Familiengründung als absolute Priorität gilt. In gleichem Zusammenhang erwähnte unser libyscher Reisebegleiter die Gruppe „Nonne". Diese sei ein Zusammenschluß von Frauen, die sich anstelle der Heirat die Botschaft des Grünen Buches als Hauptaufgabe gesetzt hätten. Weitere Informationen darüber können wir jedoch nicht bekommen.

Samstag, 20.07.
Heute besuchen wir das „Libysche Nationalmuseum" in Tripolis. In einer Abteilung hängen u.a. Bilder, die die Historie Libyens dokumentieren: Abbildungen von Frauen in Kampfsituationen, z.T. mit Gewehren, schon zur Kolonialzeit; Bilder nach 1969 zeigen Frauen in Basisvolkskongressen. Außerdem sehen wir Bilder von libyschen Frauen in verschiedensten Trachten, größtenteils unverschleiert. Im Museum arbeiten Frauen und Männer, allerdings sehen wir sie nicht gemeinsam: entweder arbeiten zwei bis drei Frauen miteinander, oder nur Männer in einem Bereich.

Sonntag, 21.- Dienstag, 23.07.
Diese Tage sind geprägt von Seminaren im „Green World Insitute" und Diskussionen innerhalb der Gruppe und tragen nicht direkt zu unserem Schwerpunkt bei. Zu dieser Zeit findet eine Frauenkonferenz im über 1000 km entfernten Benghazi statt, von der wir keine weiteren Inhalte erfahren. Es ist uns leider nicht möglich, durch die Lage der Unterkunft, außerordentliche, nicht programmgemäße Kontakte herzustellen. So sind wir auf die organisierten Zusammentreffen angewiesen.

Mittwoch, 24.07.
In einer Unterhaltung mit einem Sudanesen, der als Gärtner im Camp angestellt ist, erfahren wir, daß er einen geringen Lohn erhält. Er verspricht sich andere Arbeitsbedingungen in Nordeuropa, fragt uns nach den Möglichkeiten, Arbeit und Aufenthaltsgenehmigungen in der BRD zu bekommen ... Die geringe Bezahlung kann sich auch aus der allgemein schlecht bezahlten landwirtschaftlichen Arbeit erklären, er jedoch erläutert es nicht. Am Nachmittag besucht der Vertreter des Stadtplanungskomitees von Benghazi (das entspricht bei uns der Funktion des Bürgermeisters) das Camp. Er erzählt, daß die Ämter paritätisch besetzt seien, neben ihm agiere eine Frau; außerdem arbeiten 17 Ingenieurinnen in seinem Bereich. Überhaupt sieht er schon viele Frauen in leitenden Positionen. Gleichzeitig beschreibt er die Frauen allgemein als Menschen, die sich nur nach Reichtum, schö-

nerer Kleidung und Gold sehnen. Daraus zieht er das Fazit: „The respect depends in you, how you are speaking, no difference between man and woman.“ Es solle keine Heirat mehr ohne die Zustimmung der Frau geben. Dann erklärt er, daß die erwerbstätigen Frauen die Kinder in die Obhut ihrer eigenen Mütter geben. Sie müssen jedoch zusätzlich zu ihrer bezahlten Arbeit die Hausarbeit verrichten, erst dann hätten sie die Möglichkeit, als im Beruf stehende Frauen akzeptiert zu werden. Früher, noch bis zu diesem Jahr, durften Frauen nur mit einem Mann im Auto fahren, wenn beide verheiratet waren; jetzt sei dieses Verbot aufgehoben.

Er sieht die hauptsächliche Einschränkung einer möglichen Veränderung der Rolle der Frau im frauendiskriminierenden Verhalten der Männer – in Libyen wie auch anderswo.
Er spricht noch die Überlegungen zum Tourismus an. Derzeit planen sie den Bau eines Hotels in Benghazi, daß nach kulturellen Maßstäben (auf dem Boden sitzen, kein Alkoholausschank usw.) eingerichtet und geführt werden soll. Libyen wolle den zu erwartenden Tourismus begrenzen, damit keine „tunesischen Zustände“ entstehen, d.h., das Land dürfe nicht vom Tourismus abhängig werden und die TouristInnen sollen keinen Strandurlaub sondern vielmehr Bildungsurlaub buchen.

Donnerstag, 25.07.
Wir besuchen das an die Universität angegliederte „Zentrum für Forschungen und Studien zum libyschen Jihâd“ (s.u.)
Am heutigen Tag sehen wir noch einige Autofahrerinnen u.a. auch eine im Polizeifahrzeug.

Freitag, 26.07.
Wir besichtigen eine antike Ausgrabungsstätte in Sabratha. Viele BesucherInnen nutzen das Wochenende, um sich das historische Gelände anzusehen. Hier wird noch nicht archäologisch gearbeitet, systematisiert und für BesucherInnen Informationsmaterial erstellt, sondern es bleibt die Möglichkeit, alles für sich selbst zu erschließen.
An schattigen Plätzen sitzen Frauen wie Männer in Gruppen zusammen, um zu picknicken (s.u.).

Samstag, 27.07.
Uns fallen die grünen Straßenschilder auf, die an der Schnellstraße stehen. Sie waren zuvor blaue Ankündigungstafeln mit Kilometerangaben. Nun sind sie grün übertüncht und mit diversen Leitsätzen des Grünen Buches versehen, dabei einige aus dem Abschnitt „Die Frau“.

Sonntag, 28.07.
Wir unterhalten uns mit einem philippinischen Hausangestellten des Camps. Er arbeitet hier seit viereinhalb Jahren unter Vertrag. In diesem Vertrag sind Lohn und zwei Monate Urlaubszeit festgelegt, seine Arbeitszeit sowie die Dauer seines Aufenthaltes jedoch nicht.
In den engen Gassen des Souk erleben wir in der Mittagshitze Anmache von Männern in Form von Blicken, Anrempelei und Verfolgung. Durch den Einsatz eines Fotoapparates können wir uns ihrer entledigen. In den größeren Straßen ist es erheblich angenehmer.

Montag, 29.07.
Die Teilnehmerinnen der Reisegruppe treffen mit vier Frauen aus der Allgemeinen Volkskonferenz von Tripolis zusammen. Wir werden in ein gemütliches nicht überladenes Büro geführt. Nachdem wir uns gegenübersitzen, serviert uns ein alter Mann Tee und Kaffee. Das Gespräch wird durch unseren Reisebegleiter gedolmetscht (s.u.). Anschließend fahren drei der Frauen gemeinsam im Auto davon.
Wir erhalten abermals die Möglichkeit, ein wenig herumzubummeln. Am Abend lebt die Stadt: Frauen und Mädchen flanieren auf den Straßen, einige sind sehr schick.

Die Spannbreite für das „Sehen und Gesehen werden“ ist beträchtlich; einige Frauen tragen weitgeschnittene Blusen oder auch kniekurze Röcke, T-Shirts oder europäisch wirkende Kleider, blondgefärbte Haare sehen wir nicht selten. Andere kleiden sich eher landestypisch mit langen fließenden Gewändern mit oder ohne Kopfschleier der modernen Variante. Es flanieren kaum Pärchen, schon gar nicht eingehakt oder Hand-in-Hand. Vor den Cafés sitzen ausschließlich Männer, während sich innerhalb auch Frauen befinden – nur das Hotel „Al-Kabir“ bildet darin als eher vornehme Kombination von Café und Restaurant eine Ausnahme.

Dienstag, 30.07.

Heute treffen wir Frauen der Reisegruppe mit vier Aktivistinnen der „Allgemeinen Frauenunion“ zusammen; sie bleiben drei Stunden im Camp. Neben der 2. Vorsitzenden Wahiba, die das Gespräch prägt, ihrer Englisch studierenden Tochter Maysoon, ist die Bildungsreferentin und die Verantwortliche für die Öffentlichkeitsarbeit zugegen (s.u.).

In einem darauffolgenden Vortrag eines Funktionärs der „Mathaba“ erläutert dieser, daß die Tagungen der Volkskongresse vom Fernsehen übertragen werden, um die Entscheidungsprozesse für alle nachvollziehbar

zu machen. Immerhin befinden sich in jedem Haushalt mindestens ein Fernseher und statistisch sogar zwei Videorecorder. Er stellt desweiteren heraus, daß die Komitees für drei Jahre gewählt werden. Außerdem gelte die Volksbewaffnung für Männer wie Frauen.
Abends führen wir noch ein Gespräch mit einem anderen Verantwortlichen der Organisation; er differenziert den tatsächlichen Status der AusländerInnen in Libyen. So werden den arabischen ArbeitsmigrantInnen gleiche Rechte zugestanden, den AsiatInnen oder SchwarzafrikanerInnen jedoch nicht.

Mittwoch, 31.07.
Heute stehen zwei Besichtigungen des Kinderferienprogrammes an.
Zuerst fahren wir zum Hafen der Stadt, in dessen Hafenbecken die Kinder schwimmen lernen. Kinder im Alter von vier bis fünfzehn Jahren tummeln sich im und außerhalb des Wassers.
Am späten Nachmittag besuchen wir ein Feriencamp im Stadtteil Abu ‘Slim: Hier halten sich ungefähr 350 Mädchen und 600 Jungen auf. Es ist ein eingezäuntes Gelände, auf dem diverse Aktivitäten stattfinden.

Donnerstag, 01.08.
Ein weiterer abendlicher Stadtrundgang; dieses Mal sehen wir eine rauchende Frau, die auf einer Haustürschwelle sitzt. Um diese Zeit wirkt alles sehr ruhig und friedlich gestimmt, wir erleben auch keinerlei Anmache in den engen Gassen. Eine weißgekleidete Braut kreuzt auf dem Gang zum Fotoladen unseren Weg. Wir sehen immer mehr Autofahrerinnen.
Im Fernsehen können wir eine Rede Gaddafis verfolgen, die er vor in grünen Overalls gekleideten Kindern und Jugendlichen hält. Sie scheinen sichtlich begeistert vom Revolutionsführer, ihre anschließenden Umstürmungen bremsen die Leibwächter ziemlich unsanft, stellenweise brutal. Die Fernsehansagerinnen tragen die tripolitanische Landestracht.

Freitag, 02.08.
Wir fahren an den Strand, der wochentags Waisenkindern reserviert ist; es ist der schönste, den wir während unseres Aufenthaltes zu sehen bekommen. Uns wird erläutert, welche Angebote diesen Kindern zur Verfügung stehen. In Libyen wachsen wenig Kinder im Kinderheimen auf; den Waisen wird möglichst viel geboten, um ihnen die gleichen Chancen wie anderen Kindern zu geben. Sie sollen auf keinen Fall in AußenseiterInnenpositionen gelangen. Einmal wöchentlich dürfen sie diesen Strand besuchen.

Samstag, 03.08.
Heute wieder ein Stadtrundgang, der aber keine neuen Erlebnisse mit sich bringt.

Sonntag, 04.08.
Wir erhalten die Gelegenheit, nacheinander drei Fabriken zu besichtigen: Die erste ist eine Textilfabrik in der Kleinstadt Az-Zawiyah, westlich von Tripolis; hier arbeiten bis auf die Techniker und den Pförtner ausschließlich Frauen. Das Arbeitsklima erscheint entspannt bis ausgelassen. Danach fahren wir zu einer Seifen- und Parfumfabrik südlich der Hauptstadt. Diese Fabrik ist, ganz im Gegensatz zur vorherigen, eine neueingerichtete Anlage, deren Haupthalle sehr weiträumig und steril wirkt. Hier beträgt der Anteil der weiblichen Beschäftigten 75%. Die dritte Fabrik liegt ebenfalls im Industriegebiet von Tripolis und dient der Waschpulverherstellung. Gemäß dem Prinzip des Grünen Buches, daß nur Männer schwere und schmutzige Arbeit verrichten sollen, arbeiten hier, von den zwei Sekretärinnen und der Raumpflegerin (bleibt die Frage, ob putzen nicht auch eine schwere und schmutzige Arbeit ist?) abgesehen, ausschließlich Männer. Alle besichtigten Fabriken sind überschaubare Produktionseinheiten.

Montag, 05.08.
Am letzten Tag unserer Reise bekommen wir ein Kinderheim und eine Altenstätte zu Gesicht – beides Einrichtungen, die in Nordafrika auf keine lange Tradition zurückgreifen können. Das Kinderheim liegt zur Zeit noch in der Innenstadt in einem älteren Gebäudekomplex. Die zentrale Lage ermöglicht den schulpflichtigen Kindern einen kurzen Schulweg. Das Inventar erscheint uns veraltet. Allerdings soll sich das bald ändern, da das Heim in einen modernen Bau am Stadtrand umzieht. Dann wird es sich auch in der Nähe des Altenheims befinden, das dieses Jahr bezugsfertig wurde. Von einem schwedischen Architekten entworfen, macht das Altenheim auf uns einen gewohnten Eindruck, durch die Wahl der Baustoffe innen und außen, die Farben, Größe und durch die Raumaufteilung. Noch leben wenige alte Menschen in dem Gebäude, doch es werden mehr erwartet. Jede Person lebt im eigenen Zimmer, die Balkone sind gemeinschaftlich nutzbar. Essen sowie Freizeitaktivitäten finden gemischtgeschlechtlich statt. Wir beenden unsere Tour in der libysch-arabischen Jamahiriya mit dem Besuch eines Heimes für Menschen, die am Ende ihres Lebens stehend in der islamisch-arabischen Gesellschaftshierarchie eigentlich ganz oben innerhalb des Familienclans stehen und Anerkennung erfahren würden. Da sie aber nicht mehr innerhalb ihrer Großfamilie verbleiben können

oder keine mehr haben, wirken sie auf uns abgeschoben – der Eingriff der Moderne zeigt auch in Libyen seine Spuren.

Textilfabrik in Az-Zawiyah

5.2 Interviews und Besichtigungen

Besuch bei den Funktionärinnen im Volkskonferenzgebäude von Tripolis am 29.07.1991

Der ehemalige Königspalast liegt am Rande des Zentrums. Wir werden schon erwartet und sogleich in ein Büro geführt, in dem wir dann vier Frauen von der „Allgemeinen Volkskonferenz" gegenübersitzen. Unser libyscher Reisebegleiter, der einzige anwesende Mann, übersetzt das Gespräch. Da wir Frauen der deutschen Reisegruppe nicht nur unterschiedliche Interessen vertreten, sondern auch wenig gemeinsame Vorbereitungszeit hatten, mangelt es dem Gespräch an Stringenz.
Der folgende Text ist die Zusammenfassung des stellenweise akustisch schwer verständlichen Mitschnitts.
Besonders ärgerlich sind wir über unseren Fehler, nicht auf die Namen der Funktionärinnen geachtet zu haben. Entweder wurden sie nicht genannt oder wir haben in unserer Aufregung verpaßt, sie aufzuzeichnen.

Zuerst stellen sich die Funktionärinnen vor:

- Vorsitzende Helferin der politischen Konferenz von Tripolis
- Vorsitzende des Sekretariats in Tripolis / Basiskongreß (zugleich die erste libysche Ingenieurin und arbeitet seit 5-6 Jahren in ihrem Beruf)
- Vorsitzende im Landwirtschaftsbereich / Tripolis
- Vorsitzende des Sportsekretariats von der Jamahiriya (sie studierte Wirtschaft und Politik)

Alle vier arbeiten seit zwei Jahren bei der Volkskonferenz im Basiskongreß als Vorsitzende; Gaddafi bestimmte sie dazu.
Wieviele Frauen insgesamt dabei sind, ist ihnen nicht bekannt.
Sie verfolgen das Prinzip Frau/Mann, d.h. wenn die Vorsitzende eine Frau ist, muß die nächste Position mit einem Mann besetzt werden. In nur einem Bereich ist die Vorsitzende eine Frau und die Sekretärin ein Mann. Diese Quotierung existiert erst seit zwei Jahren, davor gab es keine weibliche Vorsitzende.
„Es ist schwer nach der langen Unterdrückung durch die Kolonialzeit politisch zu arbeiten; politische Frauenarbeit wurde bis dahin negativ beurteilt. Wir wollen diese Ansichten in der Gesellschaft ändern, unsere Gesellschaft soll neu aufgebaut werden."
Frage: Wie war das für ihre Familien, als sie in die Politik gingen?
„Es lebe die Revolution! Unsere Familien sind einfach, die Revolution war gut für sie. Wir basteln nun an unserer Kultur, unseren Konditionen. Der Vater hat seine Stelle, das ist dann o.k ..."
Sie haben die Aufgabe, eine Frauenrevolution zu machen; erst mit den libyschen Frauen, dann mit der ganzen Welt. Sie kriegen Kraft durch die Frauen um Gaddafi.
Wie sieht die Frauenarbeit aus?
Vieles entstand aus Initiativen von Frauen und so müssen die Frauen auch weiterhin viel Kraft investieren. Sie diskutieren mit anderen Libyerinnen, damit diese zum Basiskongreß gehen, denn dort werden Entscheidungen getroffen. In jedem Basiskongreß sitzen Frauen, die sich für die Mobilisierung anderer Frauen einsetzen.
Wieviele sind dies und wie sieht das aus?
Es gibt 150 Frauen, die Vorsitzende sind; ungefähr 40% der Libyerinnen sind Revolutionärinnen. Die Frauen haben nicht die freie Wahl, hier zu sein; sie müssen einige Schritte vorher machen, um Vorsitzende zu werden. Die meisten sind Lehrerinnen, bevor sie hierher kommen. Die Frauen versuchen in alle möglichen beruflichen Richtungen zu gehen; über Bildung kann man mit ihnen diskutieren.
Arbeiten die Frauen gut mit Frauen zusammen oder gibt es manchmal Schwierigkeiten?
Sie wollen alle Frauen ansprechen, nicht etwa separieren.
„Unsere Theorie ist für die gesamte Bevölkerung; es geht nicht, auf der einen Seite eine Vorsitzende zu haben, auf der anderen Seite einfache Frauen."
Sie wollen die Frauen weiterbringen. 40% gehen zum Basiskongreß. Vor dem Gesetz sind alle gleich, aber in der Gesellschaft gibt es eben Männer, deswegen gibt es Unterschiede. Es existieren Programme in den Schulen für die Gleichberechtigung; seit den 70er Jahren gibt es koedukativen Un-

terricht. Wenn die Leute Gesetze machen in den Basiskongressen, dann gibt es keinen Unterschied zwischen Männern und Frauen. Gleichberechtigung setzt sich auch in den Universitäten durch: alle Fakultäten sind für Frauen offen. Die Studienrichtung wird nach dem Abitur vom Staat zugeteilt, wobei es möglich ist, nachher zu tauschen, was die wenigsten nutzen. Auch beim Militär wird nach Noten entschieden. Es studieren mehr Frauen als Männer. In den 60er Jahren sind die Frauen, wenn sie etwas gelernt hatten, Lehrerinnen geworden, heute werden sie alles. Damals war es einfacher für die Familie, wenn die Frau Lehrerin wurde als etwas anderes. Heute sind sie auch Forscherinnen in der Atomwirtschaft – aber nicht zerstörerisch wie in Europa, sondern friedlich –, Medizinerinnen u.a.m.
Ist es leichter für Frauen geworden, gute Jobs zu bekommen?
Das hängt von den Zeugnissen ab. Frauen haben Schwierigkeiten, gute Arbeit zu finden; beispielsweise, um Vorsitzende Helferin zu werden, braucht sie das Universitätsdiplom, damit sie in den Basiskongressen dafür gewählt werden kann.
Wie schaut es mit Auslandsstudien aus?
„Es ist möglich, daß eine Frau im Ausland studiert; es gibt auch einige, aber warum? In Libyen kann sie alles machen!"
Freiheit bedeutet in Libyen nicht, arbeiten oder nicht arbeiten. Die Frauen haben die freie Entscheidung, ob oder ob nicht. Die Gesellschaft gibt die Möglichkeiten, zwingt jedoch weder Frauen noch Männer zur Arbeit. Frauen sollen körperlich nicht so schwere Arbeit machen, dafür haben sie Gesetze.
Nach jeglichem Uniabschluß sucht der Staat einen Arbeitsplatz u.a. in Fabriken, die sie/er aber nicht annehmen muß. Das Büro für Arbeitskraft, was früher Sekretariat hieß, verteilt die Plätze.
Welche Arbeit wird als besonders schwer eingestuft?
Arbeit auf dem Bau und in den Krieg zu gehen.
Warum machen Frauen Militärdienst, wenn sie nicht in den Krieg dürfen? Ist der Dienst für Frauen freiwillig?
Am 02.03.1977 ist das Grüne Buch herausgekommen; darin steht die Landesverteidigung als Aufgabe von Frauen und Männern. Die Gesellschaft besteht nun einmal aus Frauen und Männern.
Die Frauenmilitärakademie: Hier haben die Frauen dieselben Aufgaben und folgen der gleichen Ausbildung. Die Frauen, die hier studieren, deren Ausbildung verlängert wird, schulen die anderen Frauen. Militärunterricht gibt es schon in der Schule, theoretisch und praktisch. Den Unterricht halten ausgebildete Akademieabsolventinnen ab. Nach dem Abitur müssen alle für zwei Monate zum Militär, wo sie schießen u.a. lernen. Die Frauen haben die gleichen Aufgaben wie die Männer mit Ausnahme der schwersten.

Alle vier waren beim Militär und haben dort studiert. Nach ihrem Abschluß absolvierten sie noch den viermonatigen Militärdienst und anschließend jährlich noch einen Monat.
Viel zu schnell ist die Gesprächszeit um, die Libyerinnen haben noch andere Termine. Eine will uns noch in die Militärakademie einladen, woraufhin eine andere sofort abwinkt. Aber ein SchülerInnencamp könnten wir besuchen. Die Einladung nehmen wir gerne an.

Besuch von den Vertreterinnen der Frauenunion am 30.07.1991

Die vier Frauen, die die „Frauenunion" vertreten, besuchen uns im Camp. Nach dem gemeinsamen Essen setzen wir Reiseteilnehmerinnen uns mit den Libyerinnen in einen anderen Raum. Ab diesem Zeitpunkt wird das Gespräch aufgezeichnet. Diesmal übersetzt nicht mehr der libysche Reisebegleiter, sondern eine Frau aus unserer Gruppe erklärt sich bereit, ihre arabischen Sprachkenntnisse mit den englischen der einen Libyerin zu verknüpfen. So ist zwar mehr Unruhe infolge der oft parallelen Übersetzung im Raum, aber durch die Abwesenheit von Männern auch eine offenere Diskussion ermöglicht. Zum Ende, des fast dreistündigen Gesprächs beteiligen sich noch einige Frauen einer australischen Delegation am Austausch. Die Transkription des Interviews vermag leider nur einen kleinen Eindruck des Gesprächs über die Arbeit der „Frauenunion" zu geben; allzu häufig konnten die Antworten der Libyerinnen nicht adäquat übersetzt werden.

Wahiba Shilly (zweite Vorsitzende der „Frauenunion“):
„For the mother it is necessary to prepare the children. When my children grow I go to complete my education. I made everything on my own. Now I complete work, before I am teacher for small children.“

Die „Frauenunion“:
Sie haben Fortbildungs- und Familienprogramme: Nähen, Schreibmaschinenunterricht etc. Die Gruppen sind über das ganze Land verteilt, werden aber von Tripolis aus organisiert. Es existieren Familienprogramme für die richtige Erziehung von Kindern. Die Frauen bilden eine Gesellschaft („company“); wenn der Mann aus dem Haus geht, dann kommen die Frauen für zwei, drei Stunden vorbei und werden in Politik (Lektüre und Diskussion der Leitlinien des Grünen Buches), in Familienorganisation sowie in gesellschaftsrelevanten Fragen unterrichtet. Die Frauen von der Frauenunion kommen aus verschiedenen Berufen. Sie haben gerade ein neues Programm erarbeitet, mit dem sie Frauen animieren wollen, eine Nähfabrik zu gründen. So werden diese im Nähen ausgebildet mit der Perspektive einer Existenzgründung. Kindererziehung, Kultur, Kleidung sind die drei Bereiche, in denen sich Frauen spezialisieren bzw. Karriere machen können. Die Frauenunion versucht, sich im Einklang mit den Prinzipien des Grünen Buches zu organisieren: alle sind gleich, Erlöse werden unter allen verteilt, eine leitende Direktion existiert nicht. Sie haben kulturelle Austauschprogramme mit Frauengruppen in China und Japan, auch auf diplomatischer Ebene (Briefe, Besuche).
„Woman Union is contain of chairman from all the public; there are five to help her in many things to solve many social problems for many sections (in großen Städten, d.V.); chairman contains in every town, if there are problems she comes to communicate, to discuss.“
Sie helfen in vielen Distrikten und Bezirken. In jeder Stadt leben und arbeiten Frauenunionsfrauen. Sie kommen alle immer wieder nach Tripolis, um große Programme zu machen, die für ganz Libyen gelten.
You are the center for the program of woman politics?
„Yes, yes.“
Den Weltfrauentag bereiten sie mit vor. Es gibt hier einen internationalen Club, in dem viele Frauen zusammenkommen, vor allem auch diejenigen aus den Botschaften.
„They give them vacation“.
Es gibt einen Kindertag und einen Muttertag. Die Kinder bekommen Geschenke, die Mütter werden geehrt.
Sie organisieren Programme für Kinder ohne Eltern; Waisenkinder werden sehr häufig von Moscheen betreut. Viele Frauen holen die Kinder an Fei-

ertagen zu sich. Es gibt aber nicht viele zu betreuende Waisen, eigentlich nur in jenen Fällen, in denen die Familie aus bestimmten Gründen nicht für das Kind aufkommen kann. Libysche, italienische, maltesische katholische Schwestern und freiwillige Helferinnen kümmern sich um die Kinder. Die Frauen von der „Frauenunion“ arbeiten soziale Programme für die Waisenkinder aus. Die Öffentlichkeit kümmert sich ebenfalls darum. Die Kinder gehen in ganz normale Schulen.
Gaddafi soll den Frauentag abgelehnt haben, stimmt das?
Nein! Gaddafi soll geäußert haben, daß es ein Problem für die kinderlosen Frauen sei, Muttertag zu feiern.
… aha, ein Raunen geht durch die Menge …
Man sollte immer an die Kinder und an die Probleme in der Gesellschaft denken. Also, die Frauen sind die Hälfte der Gesellschaft und es reicht nicht aus, einen Tag an sie zu denken. Es ist in Europa und im Westen überhaupt einfach nur Propaganda, nur einen Tag als Frauentag zu deklarieren und damit das Problem abzuhaken – es muß einen Tag geben; ach, was heißt einen Tag! Man soll immer an die ganze Familie denken und die Frau nicht einzeln betrachten und sie nicht auf die Mutterrolle, das Frausein und auf das Problem der Kinder reduzieren. Das Ziel der arabisch-orientalischen Gesellschaft muß, im Gegensatz zur europäischen Praxis, die glückliche Familie sein.
„Before the revolution the woman didn`t have enough rights; just to cook, care for the children, … but after Fateh Revolution* she makes a lot of things. She has a great role in many different places. She works as doctors, managers in any place, that means a lot!“
Arbeiten wirklich so viele Frauen wie Männer in diesen Berufen?
„Yes, yes.“
Ja, sie arbeiten am gleichen Platz.
Aber der prozentuale Anteil?
Es arbeiten nicht genausoviele Frauen wie Männer, aber mehr als vorher.
„They don`t have statistics, it depends on the short time they have had.“
Wie ist es mit der Frauendiskriminierung auf der Karriereleiter?
Auf Universitätsebene gibt es in Libyen absolut keine Diskriminierung; die Zahl der promovierenden Frauen entspricht der der Männer, so auch die Stellenverteilung.
Sie beziehen sich noch einmal auf dieses Quotierungsgesetz, das seit zwei Jahren existiert und mit dem die Gleichstellung in der Politik auf ganz hoher Ebene mit der Festschreibung erreicht worden ist. Dort kann jede ihre Probleme vortragen und zwar auf Ministerebene. Jeder Minister hat an seine Seite eine Frau gestellt bekommen, die gleichgestellt ist („Minister

* So wird die Revolution wegen des Datums (01. September) auch genannt.

and Minister to help"). Er kann jetzt nicht irgendetwas bestimmen, er hat jetzt eine Stellvertreterin, und die hat genauso viel zu sagen wie er.
„She is helping the minister."
Diese Stellvertreterinnen sind nicht nur Sekretärinnen oder Helferinnen, sondern stehen gleichberechtigt neben dem Minister. Sie treffen sich miteinander und reden über die Probleme und Aufgaben. Gaddafi hat diesen Frauen diese Chance ermöglicht, und was sie daraus machen, wird abzuwarten sein. Es kommt natürlich immer auf die Frauen an, ob das nun wirklich funktioniert und ob das eine produktive Idee ist. Manche Frauen sind natürlich nicht gut, aber sie haben die Chance, sich zu bewähren.
„There is freedom to speak about this minister or that minister, this woman or that woman, we can talk about all problems in all the public."
Es gibt verschiedene Zeitungen in unterschiedlichen Bereichen und so können Frauen, sofern es in einem Fachgebiet unkorrekt abläuft, ihre Kritik in den jeweiligen Zeitungen veröffentlichen.
Sind die Frauen wirklich gleich oder aufgrund des Islams dann doch nicht?
Vor dem Recht sind Frauen gleich. Also, die Gleichberechtigung leitet sich aus dem Koran ab, weil nach dieser Religion Männer und Frauen gleich sind. Aber es gibt Bereiche, wo sie sich ergänzen müssen. Aber ihre Rechte, ihre Stellung in der Gesellschaft sind auch, wie es die Religion eben vorschreibt, gleich. Im Übrigen hat ja auch jede Gesellschaft Regeln, die nach der Religion funktionieren. Die europäische Gesellschaft wird es immer wieder mißverstehen, daß der Islam die Frauen benachteiligt, daß die Frauen immer hinter den Männern herlaufen und werden die Schuld immer der Religion zuschreiben. Das haben die im Westen aber völlig mißverstanden! Denn im Gegenteil hat die Frau im Koran eine sehr hohe Stellung. Es gibt natürlich Unterschiede, wenn beispielsweise eine schöne Frau beim Beten – man muß beim Beten ja immer knien –, sich vor die Männer hinkniet, dann ist das ein Unding. Aber nun daraus den Schluß zu ziehen, sie sei benachteiligt, weil sie in anderen Räumen oder hinter Vorhängen betet, ist größter Unsinn.
„If there is no woman, there is no father, no sister, society will be destroyed!"
Die Männer versuchen immer, die Frau zu unterdrücken, aber der Koran hat das ganz schlau geregelt, daß beispielsweise die Frauen nach der Hochzeit ihren Namen behalten, dies zeigt ja schon, wie wichtig und wie gesichert die Position der Frau sei.
Was hat sich in punkto Scheidung getan?
Scheidung ist für Frauen und Männer gleich – das hängt jedoch von der Kultur ab. Sie behält das Haus. Wenn sie allerdings keine Kinder hat, kehrt sie zu ihrer Familie zurück. Hat sie Kinder, dann bleibt sie im Haus und

kümmert sich um diese. Sie muß vor den Richter gehen und dieser hört sich die Scheidungsgründe an.
(Kommentar der Übersetzerin: Widerspruch; vorher sagten sie, es ginge nach der islamischen Gesetzgebung, wo dies nicht vorgesehen ist.)
Das Problem liegt nicht in der islamischen Gesetzgebung, sondern im Mann. Also, dieses Gesetz, nach dem die Kinder bei der Mutter bleiben, bis sie selbst heiraten, gibt es seit 1987. Es steht im Einklang mit der sharia (islamische Rechtssprechung). Die Kinder müssen natürlich bei ihrer Mutter bleiben. Die Frau kann sich nicht ohne Grund scheiden lassen. Einfach zu sagen: „Du gefällst mir nicht mehr!" reicht nicht aus. Da der Islam die Scheidung im Grunde ablehnt, ist sie nur bei wichtigen vorliegenden Gründen möglich. Wenn der Mann die Familie versorgt, kann die Frau nicht einfach ade sagen. Sie kann nur vor Gericht gehen, wenn er die Familie vernachlässigt, die Kinder schlägt etc. Es ist so, daß in Libyen ein großer Zusammenhang zwischen den Frauen besteht und es deshalb häufig nicht nötig ist, zum Richter zu gehen. 70% der Ehen sind einfach so, daß die äußeren Dinge gut funktionieren. Und falls Probleme auftauchen, dann würden die anderen Frauen auch viel helfen, so daß eine Scheidung auch nicht so nötig ist. Und es wäre schlechtes Benehmen, wenn die Frauen durch die Welt ziehen und sagen: „Ja, mein Ehemann ist so schlecht und ich will mich scheiden lassen", wenn es keine wirklich ernsthaften Probleme gibt. Die anderen Probleme, die da sind, die lassen sich auch in der Gesellschaft lösen. Frauen wissen ja wie Männer sind! Es gibt so viele Dinge, über die kann man mit Männern einfach nicht reden: Themen, den Sex betreffend; eben die, die Frauen betreffen und die bespricht man eben unter Frauen und fertig. 70% der Ehen funktionieren gut und sind in Ordnung.
Gibt es Frauen, die nicht heiraten wollen; ist das überhaupt möglich?
Ja, sie kann bei ihrer Familie bleiben, darf aber nicht alleine leben, wegen der Tradition („customs") und der Religion.
Wie sieht das Leben in der Familie dann aus?
Sie lebt in ihrem eigenen Zimmer, was aber situationsabhängig ist.
Gibt es viele?
Ja, einige, aber sehr wenige, da die Gesetzgebung die Heirat fordert. Aber für die gut ausgebildeten Frauen wird es immer schwieriger, den passenden Mann zu finden, weswegen sie manchmal länger als üblich bei ihren Familien bleiben; eben solange, bis sie jemanden gefunden haben. Es ist sinnvoll, emotionale Beziehungen außerhalb zu haben. Die Religion lehnt die sexuellen Bedürfnisse nicht ab oder spricht sie ihr ab. Also ist es natürlich, daß Menschen diese Bedürfnisse haben, daher sollen sie heiraten, weil die Heirat der beste Weg ist, diese Bedürfnisse zu befriedigen. Es ist der beste Weg für die Frau, den Mann, die Gesellschaft.

Sind Verhütungsmittel verfügbar, gibt es Abtreibungen?
„They make, no problem.“
Abtreibungen gibt es nicht, aber Verhütungsmittel. Also, vor der Schwangerschaft ist es o.k., aber bloß keine Abtreibung – „It is not good“. Es ist möglich, die Pille zu bekommen, auch auf dem Land. Wenn die Frau krank ist, dann kann auch eine Abtreibung vollzogen werden.
Gibt es noch andere Verhütungsmittel?
Ja! (Aber welche, wird nicht ausgesprochen; wir Frauen würden sie ja kennen.)
„I have five children, but I`m not sterilised because my husband is against the operation. There are much more problems in the western world i.e. USA. If a woman is pregnant the society does not care for her, she looses her job and is on her own.“
Sie glauben, daß es in Europa Probleme gibt, die daraus resultieren, daß Männer und Frauen absolut zu gleichen Wesen degradiert werden; beispielsweise, daß eine Frau schwanger ist und der Ehemann sie verläßt und sie dann allein dasteht. In Libyen achtet jedeR auf sie in einer wirklich guten Art und Weise.
Frage an uns:
„Did you agree this company to stay at home or not?“
„Only a short time.“
Nur noch Diskussion auf Arabisch, dann:
Es scheint in Europa ein unheimlich großes Problem zu sein. Und es gäbe viele Frauen, die ihre Kinder, wenn die nur ein halbes Jahr alt sind, in irgendwelche Kindergärten geben und das finden die Unionsfrauen überhaupt nicht schön. In Libyen werden die Kinder erst mit drei Jahren in einen Kindergarten gebracht, wenn überhaupt. Es ist verboten, dies früher zu tun. Die andere Idee ist, die Mutter oder die Schwiegermutter mit der Betreuung zu erfreuen.
Wir erläutern:
In unserer westlichen Gesellschaft würden die Frauen gerne Beruf und Mutterschaft kombinieren, aber das ist absolut schwer, da es zu wenig Halbtagsjobs und zu wenig Kindergärten gibt. So bleibt der Frau oft die Wahl: Erwerbstätigkeit oder Zuhausebleiben. So haben wir am Ende häufig frustrierte Frauen; diejenigen, die zuhause bleiben und die Erwerbstätigen, welche auf Kinder verzichten mußten.
Im Koran und im Grünen Buch steht, daß die Mutter und das Kind zwei Jahre zusammen sein sollen. Das sei psychologisch am besten für beide. Aber was ist danach?
In der neuen Jamahiriya-Gesellschaft gibt es ein Gesetz, das besagt, daß keine Frau, die gleichzeitig Mutter ist, in einem Vollzeitjob arbeiten kann.

Es gibt nicht eine einzige Mutter in Libyen, die mehr als einen halben Tag arbeitet und dies kann für ihr gesamtes Berufsleben gelten. Es war früher anders, aber nun wird den Menschen beigebracht, daß es sehr wichtig für die Frauen sei, mit den Kindern zusammen zu sein; zum Beispiel nachmittags, um sich um die Kinder und das Haus zu kümmern. Die Frauen bekommen die Möglichkeit, in ihren Job zurückzukehren, aber nur als Teilzeitkraft. Wenn die Kinder groß sind, kann sie, wenn sie will, wieder in einen Vollzeitjob einsteigen.

Können auch Männer „Kinderzeit" beanspruchen?

Nein.

Die Australierinnen erzählen, daß bei ihnen auch Väter beurlaubt werden können, wenn ein Kind geboren wird.

Die Libyerinnen finden das lustig, aber auch prima und fragen die deutschen und australischen Frauen, ob ein Vater so gut auf ein Kind aufpassen kann wie es eine Mutter tut? Wir bestätigen dies.

„Very good! Not many men do that, but very good ..."

„There are only a few of them. But in future, there will be more, insch` allah!"

Eine Australierin erzählt über ihre Arbeit im Krankenhaus: In Australien leben Menschen vieler unterschiedlicher Ethnien, und verschiedene Kulturen bevorzugen differierende Geburtsmethoden, daher laufe in ihrer Klinik ein Programm, das auf die verschiedenen Wünsche eingehe.

Die Frauen in Libyen gehen auch zum Entbinden in die Krankenhäuser. Selbst Frauen von außerhalb kommen nach Tripolis, um zu entbinden, da hier das Krankenhaus groß ist.

Heutzutage haben sie genug Ärzte, aber noch kommen viele aus Ägypten, Bulgarien, von den Philippinen. Aber es gibt jetzt so viele libysche MedizinstudentInnen, daß sie hoffen, daß diese die Arbeit bald übernehmen können.

Wie sieht es bei den Krankenschwestern aus? Kommen, wie es uns erklärt wurde, viele aus anderen Ländern, weil die Libyerinnen nicht in diesem Bereich arbeiten wollen?

Es gibt Libyerinnen, die Krankenschwestern sind und es existiert ein Ausbildungsgang zur Krankenschwesterschulung, den viele Libyerinnen besuchen. Aber es sind nicht genug; so sind noch viele ausländische Schwestern tätig, besonders viele Philippina.

Und gibt es viele Männer in diesem Beruf?

Ja, gibt es, aber auch nicht ausreichend. Heute wird eine neue Unterrichtsmethode praktiziert, um die Frauen und Männer auf den Beruf der Krankenschwester vorzubereiten.

Bedauerlicherweise drängt auf einmal die Zeit, Aufbruchstimmung macht sich breit. Wir tauschen gegenseitig Adressen aus und dann verabschieden wir uns von den Libyerinnen und setzen unser Gespräch mit den Australierinnen fort.

Textilfabrik in Az-Zawiyah

Fabrikbesichtigungen am 04.08.1991

Zuerst besichtigen wir die textilverarbeitende Fabrik in Az-Zawiyah, in der der gesamte Produktionsprozeß – vom Stoffdesign über Materialkauf bis zur Herstellung des Endprodukts – stattfindet.
Wir betreten durch ein großes metallenes Tor den Innenhof des dreigeschossigen Gebäudes. Fröhlich grinsend sehen uns die Arbeiterinnen an den Eingängen entgegen. Wir werden zunächst in ein Büro gebeten. Hier erfahren wir von drei Vorstandsfrauen, daß 260 Arbeiterinnen und vier Arbeiter (Elektriker, Pförtner) in diesem Betrieb tätig sind und sich das Prinzip „PartnerInnen nicht LohnarbeiterInnen" durchgesetzt hat. Seit kurzem wurde der vom Staat gewährte Kredit zum Aufbau der Fabrik wider Erwarten zügig abbezahlt. Die Arbeiterinnen kommen halbjährlich zusammen, um ihr Komitee zu wählen, das einen Austausch zwischen anderen Komitees und der Belegschaft gewährleistet. Sie zahlen sich alle den gleichen Lohn aus. Bei besonderen Vorkommnissen wie Heirat oder Krankheit, sammelt die Belegschaft Geld, um den Verdienstausfall der betreffenden Frau möglichst gering zu halten.
Nach diesen Informationen werden wir dann in die einzelnen Hallen geführt, in denen zugeschnitten, genäht, gebügelt und verpackt wird. Wie schon zu Beginn begegnet uns ein angenehmes Klima. Uns werden die einzelnen Arbeitsschritte erklärt, bei Fragen, die wir mit den Arbeiterinnen direkt zu klären versuchen, benutzen wir Hände und Füße, was beiden Seiten sichtlich Spaß macht. Es ist angenehm, daß nicht nur die drei Frauen, die uns im Büro für Fragen und Antworten zur Verfügung standen, sondern auch die Frauen an den Nähmaschinen, mit uns reden. Am Ende behalten wir den Eindruck, daß sich in dieser Fabrik das Prinzip „Partnerinnen statt Lohnarbeiterinnen" funktioniert: Die Frauen entscheiden gemeinsam über ihre Fabrik.

Die Seifen- und Parfumfabrik wirkt daraufhin als krasser Gegensatz.
Wir werden in einen kleinen Raum mit Chefatmosphäre und dementsprechender Bestuhlung geführt, aus dem der Blick ins Halleninnere möglich ist. Der Chef läßt Kuchen und Getränke servieren und erzählt dann über „seine" Produktpalette, die in dieser Fabrik hergestellt wird: Hand- und Gesichtscreme, Rasierschaum, Zahnpasta und Parfum. Die Belegschaft setzt sich aus 56Frauen und 19 Männern zusammen.

Als wir in die Fabrikhalle treten, überrascht uns das Alter der Arbeiterinnen, es liegt zwischen 16 und 23 Jahren. Ihr Arbeitstag besteht aus sieben Stunden mit zusätzlichen zwei Überstunden, sie arbeiten sechs Tage in der

Woche und erhalten vier Wochen Urlaub im Jahr. Sobald sie eine Familie gründen, verlassen sie den Arbeitsplatz und können diesen auch nach der Entbindung nicht mehr beanspruchen. Der Chef betont, daß sie keine älteren Arbeitskräfte einstellen. Der Großteil der Arbeiterinnen verrichtet Fließbandarbeit wie das Einpacken der Tuben. Ganz stolz zeigt uns der Leiter der Fabrik die großen Behälter, in denen sie die Produkte selbst anmischen. Danach betreten wir das Labor, in dem Frauen wie Männer Präparate herstellen. Alle Arbeiterinnen – wir sehen außer dem Laboranten keinen Arbeiter – tragen rosa-weiße Arbeitskleidung in Form von Kitteln und Hauben. Vor dem penetrant-süßlichen Geruch schützen sie sich mit Tüchern, die sie sich vor die Nasen halten. Die große Fabrikhalle macht einen recht leeren Eindruck; der Arbeitsprozeß während unseres Besuchs findet hauptsächlich im hinteren letzten Teil statt. Dazu heißt es, daß die Fabrik noch nicht völlig fertiggestellt sei und auch noch lange nicht abbezahlt. Der andere Grund ist spekulativ: Wir vermuten, daß an diesem Tag nur für uns zur Anschauung produziert wird, da einzig in unserer Gegenwart die Maschine in Betrieb gesetzt wird. Es steht außer Frage, daß wir unsere Leistungskriterien im Kopf haben, wenn wir einem Arbeitsprozeß beiwohnen, der nach unseren Wertmaßstäben müßig dahinplätschert. Positiv erscheint uns die Übersichtlichkeit der relativ kleinen Produktionsfläche.

Die letzte Fabrik, die wir besichtigen, liegt im Industriegebiet von Tripolis. Es ist eine Waschmittelfabrik, deren Produktion 25% des einheimischen Bedarfs deckt. Seit drei Jahren produzieren sie unter eigenem Namen, davor war es eine Lizenzfirma (Unilever). Die anfänglichen Schwierigkeiten, die eine Namensänderung mit sich bringt, sind überwunden. Vom Prinzip „Partner nicht Lohnarbeiter" wird nichts verlautbart. Die Produktionsfläche ist klein und überschaubar, das Betriebsklima wirkt entspannt. Die arbeitenden Männer verrichten hauptsächlich Fließbandarbeit in drei Schichten zu je acht Stunden. Außer der Putzfrau und den zwei Sekretärinnen arbeiten hier nur Männer.

Nach Besichtigung dieser drei Produktionsstätten wird offensichtlich, daß auch DIE Fabrik in Selbstverwaltung nach den DUT-Prinzipien nicht existiert. Wir finden Übergangsformen vor, nicht zuletzt aus der kurzen Existenz der Jamahiriya resultierend.
Die gewählten Personen in den (Fabrik-) Komitees sind ausschlaggebend für die jeweilige Arbeitsstruktur und das Betriebsklima: die Variationsbreite reicht von gemeinsamer Erarbeitung von A-Z bis hin zur hierarchischen Über- und Unterordnung.

Zentrum für Forschung und Studien des libyschen Jihâd

In diesem zentralgelegenen universitären Institut, das 1978 gegründet wurde, wird zur libyschen Geschichte mit Schwerpunkt der italienischen Kolonialzeit recherchiert. Es werden historische Dokumente, diverses authentisches Material aus der Widerstandszeit gegen die italienische Besetzung archiviert und ausgewertet. Es besteht bis heute Kontakt zu italienischen Behörden, um die Sammlung und damit das Wissen um die Historie zu vervollständigen. Aufgrund der umfangreichen Bestände an Dokumenten, Fotos, aufgezeichneten Interviews mit WiderstandskämpferInnen etc. gibt dieses Institut eigene Forschungsberichte heraus und bereitet Ausstellungen vor. Das Institut hat den Anspruch, ein öffentlicher Ort zu sein, die Informationen sind allen zugänglich.

Wir werden von einer Angestellten durch die einzelnen Abteilungen geführt; dort erläutern uns SpezialistInnen ihre jeweiligen Fachgebiete. Es werden sowohl Männer als auch Frauen zur Kolonialgeschichte befragt, der Anteil der Berichte von Libyerinnen ist allerdings recht gering. Gleiches gilt für die Fotoabteilung und die Dokumenten- und Handschriftensammlung. Augenscheinlich arbeiten im Institut viele Frauen, die völlig verschieden

auftreten. Auch die Kleidung variiert erheblich: Einige tragen Jeans, T-Shirts, Kleider, Pumps, andere wiederum lange Gewänder. Ähnliches gilt für die Studentinnen.
Eine der uns herumführenden Frauen erzählt auf unsere Nachfrage, daß ihrer Einschätzung nach mittlerweile über die Hälfte der Frauen den Kopfschleier der modernen Variante trage, der hier im Gegensatz zu anderen arabischen Ländern erst in den 80er Jahren, also rund zehn Jahre später, aufkam. Die sich verschleiernden Libyerinnen kommen zumeist aus der städtischen Mittelschicht; es seien besonders die Studentinnen, die sich dadurch vor Blicken und Anzüglichkeiten von Männern in der für sie relativ neuen Arbeitswelt schützen. Das Tragen des Schleiers solle außerdem die Tradition wahren und die kulturelle Identität gewährleisten. Sie betont, daß es von öffentlicher Seite keinen Druck diesbezüglich gäbe, sondern daß sich Gaddafi im Gegenteil häufig für die freie Entscheidung jeder Libyerin für oder gegen die Verschleierung ausgesprochen habe. Allerdings sei sie selbst schon oft von verschleierten Freundinnen zum Tragen des Schleiers gedrängt worden.
Zur Relevanz der „Allgemeinen Frauenunion“ befragt, meint sie, daß diese Frauen wenig aktiv wären, wenn es um die konkrete Unterstützung der Libyerinnen ginge. Sie kritisiert die starken Reiseaktivitäten der Aktivistinnen.

Kinderferienaktivitäten (31.07.1991)

Nachdem wir zu Beginn unseres Aufenthaltes den Eindruck haben, es bestünde kaum Möglichkeit, außerhalb des Lehrplans Besichtigungen vorzunehmen, reiht sich nach unserem Besuch bei den Funktionärinnen ein Termin an den anderen. Besonders die stellvertretende Vorsitzende des AVK/Tripolis arrangiert für die gesamte Gruppe interessante Treffen:

Schwimmkurse

Im Rahmen eines Ferienprogramms für schulpflichtige Kinder aus Tripolis und Umgebung können diese im Hafenbecken der Stadt Schwimmen und Tauchen lernen. Den ganzen Vormittag über werden die Kinder, nach Geschlecht und Alter getrennt, unterrichtet. Ungefähr 350 Jungen und 150 Mädchen nehmen an diesem Tag an den Kursen teil; einige, vor allem jüngere, sind mit Schwimmflügeln gesichert, andere toben verwegen im Hafenbecken herum. Inwieweit das Auftauchen unserer Reisegruppe die TrainerInnen dazu verleitet, mit Vorzeigeschwimmereien aufzuwarten, läßt sich schwer beurteilen; vermutlich wurde jedoch durch unsere Anwesenheit der Ehrgeiz sowohl der Leitenden als auch der meisten Kinder herausgefordert. So müssen wir zusehen wie eine Trainerin ein kleines Mädchen, das absolut nicht ins Wasser will, und wahrscheinlich schon gar nicht von uns AusländerInnen beäugt, einfach und gnadenlos ins Hafenbecken stößt. Andere Mädchen schwimmen ihre Bahnen und zeigen ihr Können. Wir sind nicht die einzigen Erwachsenen; zahlreiche Mütter und Väter säumen die Beckenränder, suchen ihren Nachwuchs und begutachten wohlwollend dessen Künste. Zum Abschluß überreicht uns ein zehnjähriges Mädchen noch Wimpel und schüttelt allen völlig selbstbewußt und selbstverständlich die Hände. Ein kleiner Junge hat ähnliche Aufgaben zugeteilt bekommen, wagt sich aber nicht und darf mit Billigung der Verantwortlichen ohne viel Aufsehen verschwinden.

Ferienstadtteilcamp

Infolge der Initiative der Vorsitzenden des Sportsekretariats besuchen wir noch am gleichen Tag das Feriencamp Abu 'Slim. Hier, wie in den Camps anderer Stadtteile auch, werden SchülerInnen ab 12 Jahren in einem recht straff geregelten Tagesablauf mit den Prinzipien der DUT vertraut gemacht. So steht neben der gemeinsamen Lektüre des Grünen Buchs die Diskussion dieser Theorie auf ihrem Programm. Zudem wird Wert auf Gemeinschaftssport und sinnvolle Freizeitgestaltung wie Malen, Musizieren und themenbezogene Diskussionen gelegt. In Abu 'Slim nehmen ungefähr 350 Mädchen und 600 Jungen teil. Die Aktivitäten laufen größtenteils geschlechtergetrennt. Ein Achtzehnjähriger erklärt uns den Programmablauf, ein uns recht jung erscheinendes Mädchen steht neben ihm und bleibt vorerst still. Erst später, während unseres Besichtigungsgangs über das Camp, äußert sie sich auf Nachfrage zu ihren Aufgaben: Sie ist für die Programmgestaltung und die Organisation des Mädchencamps zuständig. Sie hat drei Jahre als einfache Teilnehmerin mitgemacht und fiel in dieser Zeit wegen ihrer „Führungsstärke“ und „Persönlichkeit“ auf. Nun ist sie mit 16 Jahren die Verantwortliche, unterstützt von einer Gruppe anderer junger Frauen.
Alle TeilnehmerInnen tragen grüne Overalls, einige Mädchen tragen weiße Kopfschleier. Beim abendlichen Fahnenappell heben sich diese als weiße Punkte ab. Feierlich wird die grüne Jamahiriya-Fahne eingeholt, über Mikro rufen je ein Mädchen und je ein Junge Sprüche, die die in nach Geschlechtern getrennten Reihen Stehenden mit Vehemenz beantworten. Die Mädchen schlafen im Gegensatz zu den Jungen, die in den dort aufgestellten Zelten übernachten, in einer benachbarten Schule oder gehen nach Abschluß des Tagesprogramms wieder in ihre Familien. Sicherlich

ist dies ein Zugeständnis an die Moral, so wird zumindest von vornherein dem möglichen Zweifel von Seiten der Eltern entgegengewirkt.

Sabratha (26.07.1991)

Während unser Besichtigungstour in der archäologischen Stätte Sabratha werden A., ein Teilnehmer der Reisegruppe, und ich durch Trommeln und Singen auf eine Gruppe junger Mädchen aufmerksam, die im Schatten der Bäume inmitten picknickender Familien ihre Zeit verbringen. Auf einem Teppich sitzend wiederholen sie in Singspielart Refrains mit jeweils wechselnden Namen von Anwesenden und verpacken gleichzeitig diverse Anzüglichkeiten, die auf die in der Nähe stehenden jungen Männer abzielen. Ein kleines Mädchen tanzt zur Musik, während die afrikanische Trommel reihum gegeben wird. Ich darf mich dazu setzen, mein begleitendes Mitklatschen wird erfreut aber auch belustigt angenommen. Sie amüsieren sich zudem köstlich über meine eher praktischen denn hübschen Sandalen Größe 42.
Während ich inmitten der Mädchen an dem Vergnügen teilnehmen darf, muß A. an der angrenzenden Mauer stehen bleiben. Leider spreche ich kein

Arabisch und die Mädchen kein Englisch. Es dauert aber nicht lange, bis sich eine junge Frau neben mich setzt. Sie ist eine dreiundzwanzigjährige Ingenieurin, spricht Englisch und war schon mal mit ihrer Familie in BRDeutschland; sie kennt sogar Hannover. Ich erkläre ihr die Umstände, die mich nach Libyen gebracht haben. Samira kennt weder die Mathaba noch das angegliederte Institut. Ich erzähle ihr von den Frauenarbeitsbedingungen und -problemen in Deutschland und frage sie daraufhin, ob es ähnliche in Libyen gäbe und/oder inwieweit sie Schwierigkeiten in ihrem Beruf gehabt habe oder hat. Sie betont, daß die familiäre Unterstützung die Basis jeglichen Handelns sei, insofern hänge die Wahl der beruflichen Tätigkeit zunächst einmal von ihrer Familie ab. Wichtig wäre aber ebenso das nähere soziale Umfeld sowie gute FreundInnen. Mit Hilfe der Freundinnen und Freunde gestalte sich alles einfacher: „Without this help you stay in the streets".

Samira weist auf die lachenden Mädchen neben uns. Jede von ihnen absolviert zur Zeit eine Krankenpflegehelferinnenausbildung, gemeinsam gestalten sie ihre Freizeit, so daß es keine Probleme mit deren Familien gibt, selbst wenn sie sich an öffentlichen Plätzen aufhalten wie es hier ja der Fall sei.

Die gesamte Situation auf der Matte nebst den um uns herum lagernden Personen (Frauen wie Männer allen Alters) besitzt ohnehin einen recht familiären Charakter. Ich bekomme immer mehr den Eindruck, daß sich die meisten kennen, leider läßt sich diese Frage nicht mehr beantworten, da A. und ich zum Bus zurück müssen und ich mich zu schnell nach einem viel zu kurzen Gespräch von Samira und den anderen verabschieden muß. Und wie es ja immer so ist, fallen mir auf dem Rückweg immer mehr Fragen ein, die ich Samira noch hätte stellen können. Ich ärgere mich, nicht mutig oder dreist (?) genug gewesen zu sein, ihr zumindest meine Adresse gegeben zu haben; aber letztendlich überwiegt dann doch die Freude, überhaupt für einen kleinen Moment Kontakt mit den Mädchen und Samira gehabt zu haben.

6. SCHLUSSBEMERKUNG

Sind denn nun Veränderungen der Rolle(n) der Frauen in Libyen festzustellen?
Gemessen an den Voraussetzungen und der bisher sehr kurzen Zeitspanne hat sich einiges verändert; Libyen ist heute keine allein in der Tradition verhaftete Gesellschaft mehr, das Land befindet sich vielmehr im Transformationsprozeß hin zur Moderne. Die DUT versucht, im Spannungsverhältnis von Tradition und Modernität zu vermitteln. Die Prinzipien des Grünen Buches entsprechen dem sozio-kulturellen Hintergrund und vereinbaren diesen mit den Anforderungen des Lebens im ausgehenden 20. Jahrhundert. Der durch die DUT abgesteckte Rahmen vermeidet, zumindest theoretisch, eine mit Verwestlichung gleichsetzbare Modernisierung und bezieht Frauen explizit in das Gesellschaftsmodell mit ein.

Es läßt sich zusammenfassen, daß eine Vielzahl institutioneller Bedingungen geschaffen wurden, eine gleichberechtigte Teilnahme der Libyerinnen am öffentlichen Leben zu ermöglichen.
Die forcierten Bildungsprogramme fördern Mädchen, junge und alte Frauen durch Schulungsmaßnahmen. Hierbei sind beträchtliche Erfolge zu verzeichnen; insbesondere aufgrund der Bemühungen der Integrationspolitik, den reellen Bedürfnissen vieler Frauen inhaltlich sowie strukturell entgegen zu kommen und diese mit einem modernen Bildungsstandard zu vereinbaren.
Was die Einbeziehung der Libyerinnen in das Erwerbsleben betrifft, gilt, daß in Libyen nicht in westlichen ökonomischen Kategorien, die Frauen und Männer in austauschbare Individuen aufteilen, gedacht und gehandelt wird. So wäre es zu einfach, die Politk im Lohnsektor allein dem tatsächlich bestehenden Arbeitskräftemangel zuzuschreiben, obwohl dieser Mangel sicherlich einen wichtigen Grund für die Integrationspolitik darstellt. Theoretisch besitzen Frauen alle Berufsmöglichkeiten, abgesehen von Schwerstarbeit, wobei die Frage bleibt, wie Schwerstarbeit definiert wird (Putzfrau etc.). In der Praxis des segmentierten Arbeitsmarkts bleibt es bei der hauptsächlichen Zuschreibung einiger weniger Berufszweige.
Im Bereich der offiziellen Politik sind strukturelle Möglichkeiten vorhanden, Frauen zu integrieren; die Beteiligung in den Basiseinheiten scheint jedoch nicht zufriedenstellend zu sein. Politische Machtausübung auf höherer Ebene, sofern dies in Libyen wegen der rätedemokratischen Basisstruktur überhaupt so genannt werden kann, ist hauptsächlich den Männern vorbehalten. Bisher waren nur vereinzelt Frauen auf oberster Regierungsstufe mit einer stellvertretenden Generalsekretärin und einer

Ministerin (1989) und ab November 1992 mit einer Vizegeneralsekretärin für Frauenangelegenheiten vertreten. Ob die neue Quotenregelung daran etwas ändert, bleibt abzuwarten. Die „Frauenunion", die sich für die Belange der Frauen in Libyen einsetzt, ist nicht die eigenständige Kraft, die sie sein müßte, um eine unabhängige Politik zu verwirklichen.
Frauenorganisationen können auch als Ausdruck der gesellschaftlichen Geschlechtersegregation gesehen werden, da sie die traditionelle familiäre Separierung von Frauen und Männern in die öffentliche Machtsphäre transportieren und daher nur teilweise zur politischen Einbeziehung der weiblichen Bevölkerung in das System beitragen. Die geschlechtsspezifischen Organisationen, parallel zu den gemischten, bleiben aber wichtige Foren zur Artikulation bestimmter, Frauen betreffende Belange.

Die Integration der weiblichen Bevölkerung in die Volksbewaffnung schreitet eher aus nationaler Notwendigkeit voran. Das Konzept der Landesverteidigung schreibt den Frauen besondere Aufgabenbereiche zu, so daß der Angst vor einer „Vermännlichung der Frauen" entgegengewirkt wird.

In allen Bereichen bestimmen Forderungen nach verstärkter Teilnahme von Frauen, z.B. im Dienstleistungs- oder auch im Bildungsbereich, das politische Bild. Auffällig ist, daß sich gesetzliche Regelungen und Umsetzungspraktiken größtenteils am Modell der verheirateten Frau und Mutter konstituieren; ganz gleich, ob sie zusätzlich erwerbstätig ist oder nicht. Der Status der Ehefrau und Mutter behält seinen primären Stellenwert, er ist zu wesentlich, um auf ihn verzichten zu können.
Heute liegt die Erwerbsquote der Libyerinnen noch immer unter 10%, doch wenn die Politik der Feminisierung bestimmter Arbeitsplätze und die Ersetzung der MigrantInnen beibehalten wird, ist voraussehbar, daß Frauen zunehmend einer außerhäuslichen Beschäftigung nachgehen werden. Besonders die jüngere ausgebildete Generation wird dies tun. Da den Frauen weiterhin die Arbeiten in der Privatssphäre obliegt, ist eine wachsende Doppelbelastung zu erwarten. Diese Ambivalenz der Rollen einer Erwerbstätigen, Ehefrau und Mutter jedoch läßt allen Förderungsmaßnahmen nur begrenzte Erfolgschancen.

Die Stellung der libyschen Frauen hat sich also schon verändert, sie haben mehr Rechte und Möglichkeiten gefordert und erhalten. Viele (aber nicht alle) Libyerinnen sind bewußt aktive, engagierte Gestalterinnen ihres Lebens und viele setzen sich für die Umsetzung der DUT ein. Die Schwierigkeiten sehen wir eher im Kontext der verwurzelten tradierten Barrieren, die eine Partizipation der Frauen behindern, als in der DUT selbst.

Sicherlich ist das Festhalten an die angeblich so unveränderbare biologische und auch soziale Unterschiedlichkeit der Geschlechter, Gaddafi's Stellungnahmen und Erklärungen zur „Natur der Frau“ nicht neu und besonders auf die Dauer ärgerlich, daran können auch die bisherigen Ergebnisse der libyschen Frauenpolitik nicht rütteln.
Dennoch denken wir, daß verschiedene Be- und Verurteilungen von westlicher Seite problematisch sind, gerade auch aufgrund der Tatsache, daß Westeuropa selbst nicht als Paradies der Gleichberechtigung angesehen werden kann.

Die SLAVJ scheint also einen anderen, einen eigenen Weg zu gehen, einen der eigenen Geschichte und Religion verpflichteten. Und was sind schon 20-30 Jahre in einer so langen Geschichte? Es wäre wünschenswert, wenn dieser Staat mit seiner interessanten Theorie und deren jungen stellenweise widerspruchsvollen Umsetzung mehr Beachtung jenseits des Sensationsjournalismus erführe.

… und ob dieses Buch eine Anregung sein kann für die hiesige Frauenbewegung? Bekannt sind uns Quotierungen und dergleichen – und auch bei uns hapert es an tatsächlicher Veränderung …

ABKÜRZUNGEN UND BEGRIFFE

ASU Arabische Sozialistische Union

AVK Allgemeine Volkskonferenz (wegen der fehlenden adäquaten Übersetzung aus dem Arabischen erscheinen für AVK und BVK in der Literatur unterschiedliche Schreibweisen; wir haben diese, außer in den Zitaten, vereinheitlicht)

BVK Basisvolkskongreß

d.V die Verfasserinnen

DUT Dritte Universaltheorie

Gaddafi libyscher Revolutionsführer in der von uns, unter 648 möglichen lateinischen Umschriften des Namens (Anderson, 1986, S. XV), bevorzugten Schreibweise

G.B. Grünes Buch

Jamahiriya Staat-der-Massen

LD Libysche Dinar

RKR (MQT) Revolutionärer Kommandorat

SLAVJ o. SLAVG Sozialistische Libysch-Arabische Volksjamahiriya

LITERATURVERZEICHNIS

Abd Al-Ati, Hammudah:
The family Structure in Islam, o.O., 1977

Abu Nasr, Julinda; Khoury, Nabil F.; Azzam, Henry T.:
Women, Employment and Development in the Arab World, Berlin 1985

Al-Assiouty, Sarwat Anis:
Coran contre Fiqh. A propos du marriage selon le livre vert de Mu'ammar Al-Qaddhâfî, in: Le Maghreb Musulman en 1979, Paris 1981, S. 13-39

Al Bittar, Fahima:
Women in the Framework of the Third Universal Theory, in: International Colloquium in Benghazi, 1979, S. 123-134

Al-Fateh University Symposium, 01.-03. Nov. 1982:
Studies and Researches in the Third Universal Theory

Al-Hamada Al-Hamra, Nr. 1, 1. Jg., Jan. 1987

Dies., Nr. 4, 1. Jg., Okt. 1987

Dies., Nr. 3, 2. Jg., Juli 1988

Dies., Nr. 8, 3. Jg., Jan. 1990

Al-Qadhafi, Muammar:
The Women and the Society, in: International Colloquium in Benghazi, 1979. S. 115-119

Ders.:
Das Grüne Buch – Die Dritte Universaltheorie, Kap. 1-3, hg. v. Internationalen Studien- und Forschungszentrum des Grünen Buches, Tripolis, Libyen o.J.

Allaghi, Farida; El-Sahli, Zakiya:
On Libyan Women, Mission of the Libyan Arab Jamahiriya to the United Nations, Libyan Paper No.8, o.O., o.J.

Anderson, Lisa:
The State and Social Transformation in Tunesia and Libya, 1830-1980, Princeton/ New Jersey 1986

Dies.:
Tribe and State. Libyan Anomalies, in: Khoury, P. S.; Kostiner, J. (ed.): Tribes and State Formation in the Middle East, London/New York 1991, S. 288-302

Arabische Korrespondenz, „Frauenerziehung in Libyen"
Heft 10, Mai 1966, S. 2-4

Arcellana, Emerenciana Y.:
Woman und the Thirld Universal Theory, in: The Era of the Masses, 1990, S. 26-33

auslandsjournal/ZDF, Juni 1991

Ayoub, Mahmoud:
Islam and the Thirld Universal Theory. The religious thought of Mu'ammar al Qadhdhafi, London/New York 1991

Badry, Roswitha:
Die Entwicklung der Dritten Universaltheorie (DUT) Mu'ammar Al-Qaddafis in Theorie und Praxis aus ideengeschichtlicher und historischer Sicht, Reihe: Islam und Abendland, Bd.2, Ffm/Bern/New York 1986

Dies.:
Die Dritte Universaltheorie (DUT). Eine umstrittene Staatsideologie, in: Operschall; Teuber: Libyen 1987, S. 48-86

Dies.:
Libyen – eine Vorreiterrolle im arabisch-islamischen Raum? in.: Operschall; Teuber: Libyen, 1987, S. 146-163

Balta, Paul:
La Libye ou le défi permanent, in: Le Monde, 28. Dez. 1980

Bartels, Edien:
The two faces of saints in the Maghreb: women und veneration of the saints in North Africa, in: The Maghreb Review (London), vol.12, 5-6, 1987, S. 145-155

Bearman, Jonathan:
Qadhafi's Libya, London/New Jersey 1986

Beck, Lois; Keddie, Nikki (ed.):
Women in the Muslim World, 2. Aufl., Cambridge, Massachusetts/London 1978

Belgrade Colloquium, 19.-23. Apr. 1982:
Political, economic and social bases of the 3rd Universal Theory, Tripolis o.J.

Ben Amer, Houda:
The Women in Jamahiriya, in: International Colloquium in Benghazi, 1979, S. 119-121

Bleuchot, Hervé:
Kadhafi. Versuch eines Portraits, in: wuqûf 1, Hamburg 1986, S. 65-81

Boserup, Ester:
Die ökonomische Rolle der Frau in Afrika, Asien, Lateinamerika, Stuttgart 1982

Breisgauer Zeitung, 03./04. Aug. 1968

Bremer Kassiber, Nr. 5, Nov. 1989

Ders., Nr. 8, Mai/Juni 1990

Brill, Marlene Targ:
Enchantment of the world – Libya, Chicago 1987

Buchalla, Carl E.:
Stirbt die Revolution mangels Masse?, in: SZ, 19. Juli 1973

Bundesverwaltungsamt:
Merkblätter für Auslandstätige und Auswanderer, Nr. 102, Libyen, April 1986

Colloque International sur la Pensée de Muammar al Kadhafi, Le Livre Vert, 01.-04. Dez. 1980, Tome II, Tripolis o.J.

Council of Land Reclamation & Reconstruction, The Executive Board of Jafara Plain Region: Woman in the Agricultural Revolution in the Country, Libyen 1977

Davis, John:
Libyan Politics. Tribe and Revolution. An account of the Zuwaya and their government, London 1987

Deeb, M.K.,Deeb, M.J.:
Libya since the Revolution – Aspects of social and political development, New York 1982

Delcour, Roland:
Libye: Le colonel Kadhafi, les femmes et la revolution culturelle, in: Le Monde, 07. Juli 1973

Der Koran. Übersetzung von Adel Theodor Khoury, Gütersloh 1987

Der Spiegel, Nr. 30, 21. Juli 1980, S. 92-99

ders.,
Nr. , 09. August 1982, S. 106-110

Der Tagesspiegel, 18. Jan. 1977

Dewavrin, Noelle:
Femmes francaises et libyennes entament le dialogue, in: France – Pays arabes, Okt.-Nov. 1979, S. 31f

Diner, Dan:
Israel in Palästina. Über Tausch und Gewalt im Vorderen Orient, Königstein/Taunus, 1980

El-Hesnawi, Habib W.:
The Story of the Libyans' Jihâd (Resistance) against Italian Colonialism 1911-1943, Tripolis 1988

El-Huni, Ali Mohamed:
Determinants of female labour force participation: The case of Libya, (Diss. 1978), Oklahoma State University 1978

El-Waheshy, Biri.:
Men's Attitudes Toward Women's Roles In Libya: An Indicator Of Social Change, (Diss. 1981), University of Akron 1981

El-Zilini, Abdussalam Mu:
Mass Media For Literacy In Libya: A Feasibility Study, (Diss. 1981), Ohio State University 1981

Faath, Sigrid; Mattes, Hanspeter (Hg.):
Wuqûf 1, Beiträge zur Entwicklung von Staat und Gesellschaft in Nordafrika, Hamburg 1986

Faath, Sigrid; Mattes, Hanspeter (Hg.):
Wuqûf 3, (…), Hamburg 1989

Dies.:
unveröff. Karteikartentext, Hamburg, o.J.

Fikry, Mona:
La femme et les conflits de valeurs en Libye, in: Revue de l'Occident Musulman et de la Mediterranée Nr.18 1974, S. 93-110

Fotos o. Angabe, Claudia Dargel, Imke Plamböck, 1991

FR, 01. Sept. 1981

FR, 22. Dez. 1989

FR, 30. Aug. 1991

Gellen, Karen:
Libya: a society in motion, in: Guardian, 22. Nov. 1978

Dies,:
Libya severs foreign shackles, in: Guardian, 20. Dez. 1978

Generalstudentenunion der sozialistisch-libysch-arabischen Volksjamahiria in der BRD und Westberlin e.V. (Hg.):
USA – Jamahiriya Konflikt, Bochum o.J.

Gomez, Tomson Cruz:
The cause of woman, in: Al-Fateh University Symposium 1982, S. 122-129

Graeff-Wassink, Maria:
Femme et Révolution en Libye, in: Les cahiers de l'Orient, 1987, S. 143-154

Große Grüne Deklaration der Menschenrechte in der Epoche der Massen, o.O. Juni 1988

Haarmann, Ulrich (Hrsg.):
Geschichte der arabischen Welt, München 1987

Habib, Henry:
Politics and government of revolutionary Libya, Ottawa 1975

Habiby, Raymond N.:
Mu'ammar Qadhafi's New Islamic Scientific Socialist Society, (1979), in: Curtis, Michael (ed.): Religion in the Middle East, 2. Aufl., Boulder/Colorado 1982, S. 247-259

Hatyoush, Omran Salem:
Education and Third Universal Theory in The Arab Libyan Popular and Socialist Jamahiriya, in: Belgrade Colloquium 1982, S. 407-418

Hijab, Nadia:
Womanpower. The Arab debate on women at work, Cambridge 1988

International Colloquium in Benghazi, 1st-3rd October 1979:
The Green Book, Vol. II, Tripolis o.J.

International Colloquium on Muammar Qathafi's thought, 12.-15. November 1981:
The Green Book, Central University of Venezuela, Caracas o.J.

Khella, Karam:
Libyen. Soziale Revolution und imperialistische Aggression, Hamburg 1986

Kommentare zum Grünen Buch, 1. und 2. Teil, hg. v. Internationalen Studien- und Forschungszentrum des Grüen Buches, Tripolis 1988

Lacoste-Dujardin, Camille:
Fécondite et Contraception au Maghreb, in: The Maghreb Review, Vol.12,5-6, 1987, S. 130-135

La Presse de Tunisie, 01.08.1991

Leßner-Abdin; Dietlinde:
Zur sozialen Lage der Frau in Entwicklungsländern. Eine Fallstudie: Algerien, 2. überarb. Aufl., München 1982

Lexikon Dritte Welt, hg. v. Nohlen, Dieter, überarb. Neuausgabe Reinbek b. Hamburg 1993

Libyen Solidaritätskomitee Bochum (Hg.):
Libyen – 16 Jahre nach der Revolution. Reisebericht, 3. Aufl., Bochum 1989

Luz Gonsàlez Marqués, Maria; Bueno Palacio, Pilar:
Le role de la femme dans le monde contemporain, in: Colloquium Internationale, 1980, S. 273-283

Mattes, Hanspeter:
Die Volksrevolution in der Sozialistischen Libyschen Arabischen Volksgamahiriyya. Die Entwicklung des politischen Systems nach dem al-fatih und die Bedeutung Mu'ammar al-Qaddafi's für den gesellschaftlichen Transformationsprozeß, Brazzaville/Heidelberg 1982

Ders.:
Libyen, in: Nohlen/Nuscheler: Handbuch der Dritten Welt, Band 6, 2. Aufl., Ludwigsburg 1983, S. 119-141

Ders.:
Die gesellschaftliche Transformation Libyens (1951-1984): Aufstieg und Fall der Bourgeoisie, in: Orient 26, 1985, S. 27-47

Ders.:
Die innenpolitische Entwicklung 1969-1986, in: Oberschall/Teuber (Hg.): Libyen (…), Wien 1987, S. 31-47

Ders.:
Wirtschaftsreformen, staatlicher Sektor und Privatisierungsdebatte im Maghreb, Hamburg 1988

Ders.:
Die Entkolonialisierung der libyschen Geschichtsschreibung: Zur Arbeit des 1978 in Tripolis eröffneten historischen Forschungszentrums, in: Wuqûf 3, 1989 (a), S. 259-280

Ders.:
Libysche Wirtschaftsreformen: Frühling in Tripolis in: Monatszeitung 9/1989, S. 25-27

Ders.:
Libyen, in: Mattes/Koszinowski (Hg.): Nahost. Jahrbuch 1989, Obladen 1990, S. 110-115

Ders.:
Libyen, in: Mattes/Koszinowski (Hg.): Nahost. Jahrbuch 1990, Obladen 1991 (a), S. 111-116

Ders.:
Libyen, in: Nohlen (Hg.): Lexikon Dritte Welt. Länder Organisationen, Theorien, Begriffe, Personen, überarb. Neuausgabe, Reinbek b. Hamburg 1991, S. 422-425

McKnight, Jennie:
Towards an integrated Arab Women's movement: obstacles and prospects, in: Off our backs, 15 (5) 1985, S. 12-15

Mernissi, Fatima:
Geschlecht Ideologie Islam, München 1987

dies.:
Der politische Harem, Ffm 1989

Minai, Naila:
Schwestern unterm Halbmond. Moslimische Frauen zwischen Tradition und Emanzipation, 2. Aufl., München 1990

Monastiri, Tawfiq:
The Organisation of Primary, Preparatory and Secondary Teaching in Libya from 1969 to 1979, in: Joffe, E. (ed.): Social and economic development of Libya, Wisbech 1982, S. 315-330

Neue Züricher Zeitung,
05. Okt. 1984

Neumann, Wolfgang:
Die Berber. Vielfalt und Einheit einer alten nordafrikanischen Kultur, Köln 1983

Nohlen (Hg.):
Lexikon Dritte Welt, überarb. Neuausgabe, Reinbek b. Hamburg 1993

Operschall, Christian; Teuber Charlotte (Hrsg.):
Libyen. Die verkannte Revolution?, Wien 1987

Orben-Schmidt, Liclin:
Gegen die belehrende große Schwester, in: taz, 10. Juli 1989, S. 9

Peters, Emrys L.:
The Status of Women in Four Middle East Communities,
in: Beck; Keddie, 1979, S. 311-351

Patemann, H.:
Libyens Frauen organisieren sich, in: progress dritte Welt, Bonn 1980, S. 11-12

Pohl, Robert:
Libyen, in: BRD und dritte Welt, hg. v. R. Pohl Band 29, Kiel 1987

Robertson, Claire; Berger, Iris (ed.):
Woman and Class in Africa, Hertfordshire 1986

Sabbagh, Abdulkarim:
Frauen im Islam, Würzburg 1986

Saeger, Joni; Olson Ann:
Der Frauenatlas. Daten Fakten und Informationen zur Lage der Frauen auf unserer Erde, Ffm 1986

Schulze, Reinhard:
Islamischer Internationalismus im 20. Jahrhundert. Untersuchungen zur Geschichte der islamischen Weltliga, Leiden/New York/Kopenhagen/Köln 1990

Shaaban, Bouthaina:
Both right and left handed. Arab women talk about their lives, London 1988

Smith, Elenor:
Women: Democracy and Power, in: International Colloquium, Caracas 1981, S. 476-521

Souriau, Christiane:
La société féminine en Libye, in: Revue de l'Occident Musulman et de la Méditerranée, no.6, 1969 S. 127-155

Dies.:
Femme et politique en Libye, in: Revue Francaise d'Etudes Politiques Méditerranéennes, no.27, Paris 1977, S. 81-104

Dies.:
Femmes et politique en Libye, in: Souriau (sous la direction de): Femmes et politique autour la méditerranée, Paris 1980, S. 191-218

Dies.:
Role et place des femmes dans le fonctionnement de l'économie en Libye, Institut de Pays en Development, Centre d'Etudes et de Recherches sur le Monde Arabe contemporain, cahier no.18, Louvain la ville 1982

Dies.:
Libye. L'économie des femmes, Paris 1986

StBA/Statistisches Bundesamt (Hg.):
Länderbericht Libyen 1984, Wiesbaden 1984

Dass.:
Länderbericht Libyen 1989, Wiesbaden 1989

Strieder, Swantje:
Gaddafis Nonnen der Revolution, in: Der Spiegel, Nr. 32, 1982, S. 106-110

Stuttgarter Zeitung, 07. Sept.1989

Süddeutsche Zeitung, 30. Sept.1991

Talpade Mohanty, Chandra:
Aus westlicher Sicht: feministische Theorie und kolonoiale Diskurse,
in: beiträge zur feministischen theorie und praxis, Heft 23, „Modernisierung der Ungleichheit – weltweit, Köln 1988, S. 149-162

taz, 06. Sept. 1989

The Era of the Masses, Vol. V, No. 1, July-August 1990

The Libyan Review, Nr. 4, April 1966

Times, 17. Oct.1989

Treydte, Klaus Peter:
Genossenschaften in Libyen, Hannover 1970

Winter-Precht, Regine:
Libyen – Die Situation an den Hochschulen, in: Treibsand, Nr.49, Mai 1986

Woodsmall, Ruth F.:
Der Aufstieg der mohammedanischen Frau, Erlenbach/Zürich/Leipzig 1938

World Center for Researches and Studies on the Green Book (ed.):
Women's Issue, Tripolis 1984

Zohri, Zineb M.; Azzin, Salah A.:
Le role économique et social de la femme dans la dynamique sociale. Positions des théories sociales sur ce thème, in: Colloque international 1980, S. 249-271